Scratchで学ぶ
プログラミングとアルゴリズムの基本
改訂第2版

著者
中植 正剛　太田 和志　鴨谷 真知子

日経BP社

はじめに

本書の目的

　本書は、Scratchの基本的な使い方とアルゴリズムを学ぶための本です。Scratchの操作方法を身につけて自由自在に使いこなせるようになるだけでなく、頭の中で考えているアイデアをプログラムとして実現するスキル、つまり論理的な思考のスキルを身につけることを目的としています。

本書の対象読者

　本書が対象としているのは、中学生から大人までの「プログラミングを一度もやったことがないけれど、プログラムの作り方や仕組みを学んでみたい」という人や、「初心者向けの本やワークショップなどでScratchの楽しさはわかったけれど、もっと思い通りにプログラムを作ってみたい」という人です。また、小学生や中高生、大学生にプログラミングを教えたいと思っている大人の方が、前もってScratchやプログラミングの基本を学ぶのにも最適です。

本書の内容

　目次に目を通してください。序章は準備編です。第1部（第1章～第3章）ではScratchの操作の基本をマスターしながらプログラミングの基本的な考え方を理解します。第2部（第4章～第5章）では構造化プログラミングと関数を学びます。第3部（第6章～第8章）ではプログラムを作るうえで基礎となるアルゴリズムの基本を学びます。これまでのプログラミング教育でよく取り上げられてきた探索と並び替えのアルゴリズムを取り上げています。第4部（第9章）ではScratchのクローンという仕組みを学びます。

本書の使い方

　サンプルのプログラムを作りながら、Scratchの操作とプログラミングのポイントについて学んでいきます。ただし、何も考えずにサンプルの作り方をなぞって操作するだけでは、独り立ちして自分なりのプログラムを作る力はつきません。プログラミングの仕組みを「わかる」ことが大切です。各章の〈考えてみよう〉のコーナーで自分なりに見通しを立てて考えたり、〈Scratchの操作〉や〈プログラミングのポイント〉のコラムをしっかりと読んで、操作の背景にある仕組みを考え、理解を深めながら学びを進めましょう。本書の詳しい使い方や各種のコラムの内容については「序章」の「この本の使い方」をご覧ください。

早く自分だけのプログラムを作りたい！という方は、第1章〜第3章を終えると、自分なりのオリジナルなプログラムを作り始めることができるようになるでしょう。途中で一度自分のオリジナルな作品を作ってから第4章から先に取り組むこともできるでしょう。

Scratchとプログラミングの魅力

　Scratchは2006年に登場したビジュアルプログラミング言語です。いろいろと難しいことを覚えなくても、ブロックを使って簡単にプログラミングが始められるので、他のプログラミング環境のように命令や文法を苦労して覚える必要がありません。プログラミングの入門にはうってつけの言語です。

　とはいえ、簡単なプログラミングだけで終わらせてしまうのはもったいないような、大人でも面白いあるいは役立つ高度なプログラムも作って楽しむことができます。Scratchのサイトにアクセスして、いろんな人が共有しているプログラムを検索してみると、アイデアあふれるプログラムを見ることができるでしょう。

　プログラミングの本を読んでいると、書いてあることがわからないときもあるかもしれません。そんなときは、悩み続けるよりも、まずは実際に手を動かしてやってみたほうがずっと理解しやすいものです。試行錯誤をして苦労をしながら「あぁ、そうか！」とひらめく瞬間があったり、自分の考えたものが実際に動いたりするのは本当に楽しいものです。

　プログラミングには、パズルや工作のように我を忘れて没頭できる楽しさがあります。なによりも、プログラミングの腕が上達すればするほど「あんなものがあればいいな」と夢のように思っていたことを目の前に現実として創りだすことができるようになるという、まるで「魔法使い」のような力がどんどん自分についていくのがなんともいえず快感になってきます。一人でも多くの人にその快感を味わっていただきたいと思い、本書を執筆しました。

　では、序章から一緒にScratchを学んでいきましょう！

2019年3月　中植正剛　著者代表

目次

はじめに ── 2

序章 Scratchを使う準備をしよう

- 0.1 Scratchとはなにか? ── 6
- 0.2 Scratchでどんなことができるのか? ── 6
- 0.3 Scratchができるとどんなよいことがあるのか? ── 7
- 0.4 プログラミングの開始 ── 7
- 0.5 Scratchの画面の見かた ── 9
- column この本の使い方 ── 12

第1部 プログラミングをはじめよう

第1章 Scratchの基本を知ろう

- 1.1 シンプルなゲームを作ろう（Scratchの基本的な操作）── 14
- 1.2 キャッチザフィッシュを作ろう!（乱数の使い方）── 29
- column ファイルの保存先の変更 ── 32

第2章 プログラムの流れをつかもう

- 2.1 プログラムの流れをつかもう（メッセージの仕組み、背景の変え方）── 34
- 2.2 BGMを流そう（音の鳴らし方）── 41
- column 描画の基本 ── 45

第3章 変数と配列の使い方をマスターしよう

- 3.1 キャッチザフィッシュ、再び（変数の仕組み）── 52
- 3.2 ラッキーナンバー占いを作ろう（ユーザーからの入力の処理）── 59
- 3.3 簡単な計算クイズ（理解を深める）── 61
- 3.4 順番を記憶するネコ（リストの仕組み）── 66

第2部 本格的なプログラミングを身につけよう

第4章 構造化プログラミングを学ぼう

- 4.1 数あてゲームを作ろう（条件分岐）── 74
- 4.2 スロットマシーンを作ろう（条件分岐）── 83
- 4.3 落ち物ゲームを作ってみよう（繰り返し、条件分岐）── 97
- column 条件式に慣れよう（練習問題）── 106

第5章 関数の使い方をマスターしよう

- 5.1 オリジナルの模様を作ろう（関数）── 108

5.2 自由自在に模様の大きさを変えよう（引数）――― 117
5.3 大きさと形を指定して書いてみよう（複数の引数をもつ関数）――― 121
5.4 再帰処理でフラクタルを描こう（再帰）――― 125

第3部 アルゴリズムのキホンを学ぼう

第6章 アルゴリズムその1 サーチ（探索）
6.1 その数は何番目？（線形探索）――― 138
6.2 一番小さな数を探すプログラム（最小値のサーチ）――― 143

第7章 アルゴリズムその2 基本的なソート（並び替え）
7.1 バブルソート（並び替え　その1）――― 150
7.2 選択ソート（並び替え　その2）――― 163
7.3 挿入ソート（並び替え　その3）――― 170
7.4 どのアルゴリズムがよいのか？（アルゴリズムの評価）――― 173
7.5 アルゴリズムの評価を理論的に考える（ビッグオー記法）――― 177

第8章 アルゴリズムその3 すすんだソート（並び替え）
8.1 シェルソート（並び替え　その4）――― 180
8.2 クイックソート（並び替え　その5）――― 182
8.3 アルゴリズムの測定（アルゴリズムの評価）――― 185
8.4 アルゴリズムの評価を理論的に考える（ビッグオー記法　その2）――― 185

第4部 Scratchを使いこなそう

第9章 クローン
9.1 落ち物ゲーム、再び（クローンの使い方）――― 186
9.2 シューティングゲーム（クローンを使ったスクリプトの作成）――― 193

付録1　Scratchアプリ ――― 196
付録2　作品の共有とリミックス ――― 197
付録3　各章のプログラミングのポイントとScratchの操作 ――― 200

あとがきにかえて ――― 202

Scratch is developed by the Lifelong Kindergarten Group at the MIT Media Lab. See http://scratch.mit.edu.
Scratch is a programming language and online community where you can create your own interactive stories, games, and animations -- and share your creations with others around the world. In the process of designing and programming Scratch projects, young people learn to think creatively, reason systematically, and work collaboratively.

序章

Scratchを使う準備をしよう

|こ|の|章|で|学|ぶ|こ|と|

Scratchとはどんなもので、どんなことができるのでしょうか。また、Scratchを学ぶとどんなよいことがあるのでしょうか。この章では、Scratchの概要とともに、Scratchでプログラムを作るために必要な準備や、画面の見方などの基礎知識を学びます。

> **この章で学ぶScratchの操作** プログラミングの始め方、画面の見方

0.1 Scratchとはなにか？

図1

Scratchは、アメリカのマサチューセッツ工科大学（MIT）メディアラボで開発された、無償で利用できるプログラミング環境です（図1）。あらかじめ用意されたブロックを組み合わせることで簡単にプログラムを作ることができます。そのため、小学生から大人まで、誰でもすぐにプログラミングを始めることができます。

WindowsパソコンやMacだけでなく、iPadやAndroid搭載のタブレットなど、いろいろなコンピューターで利用できるのも大きな魅力です。Scratchはウェブアプリケーション（アプリ）なので、ウェブブラウザーからScratchのサイトにアクセスするだけで使えます。特別なソフトをインストールする必要もありません。

作ったプログラムの結果（動作）はすぐに画面で確認できるので、間違ったプログラムを作っても簡単に修正ができます。試行錯誤を繰り返しているうちに、自然とプログラミングの考え方が身につくでしょう。「失敗を恐れず、自分であれこれと試行錯誤を繰り返しながら作って学ぶ」。そのためにScratchが開発されました。

自分で作ったプログラムをScratchのサイトで世界中の人々に公開したり、他人が作ったプログラムを見たりすることもできます。それだけでなく、他人が作ったプログラムを改造したり、自分の作ったプログラムを改造してもらったりすることも可能です。自分一人だけでなく、みんなでプログラムをどんどん改良することができるのも、Scratchのユニークなところです。

0.2 Scratchでどんなことができるのか？

Scratchでは、ほかの多くのプログラミング言語と同様に、さまざまなプログラムを作ることができます。シューティングやアドベンチャーやRPGなどのゲーム、動く紙芝居のようなアニメーション、お金の計算や体調管理などの実用的なアプリ、鳥の群れの動きや交通渋滞のシミュレーション、学校や会社で行うプレゼンテーションの資料、誰かに何かを伝える教材などなど、アイデアと工夫次第で自分の思い描いたものなら、たいていのものが作れます（図2）。

また、この本の内容には含んでいませんが、別にパーツ（電子部品など）を買ってくると、ロボットや信号や電子楽器のような、コンピューターで制御する機械（マシン）が簡単に作れます。

図2a　　　　図2b　　　　図2c　　　　図2d

　本書では、計算ゲームや占い、落ち物ゲーム（落ちゲー）などのプログラムを作りながらプログラミングの基本を学んでいきます。

0.3　Scratchができるとどんなよいことがあるのか?

　自分の思い通りにものが作れることは、それだけで楽しいものです。Scratchでプログラムが作れるようになると、パソコンを使った新しい表現の道具を手に入れたことになります。言葉にできないアイデアを形にできる力がつきます。

　プログラムを作るときは、筋道を立てて命令のブロックを組み合わせていきます。それはまるでパズルのような楽しさがあります。そうやってScratchで自分のアイデアを形にすることを通して、論理的に筋道を立てて考える思考力が身につくことでしょう。

　「どんなプログラムを作ろうかな」といろいろと考えてみること、それを形にすることで、作る楽しさ、考える楽しさ、表現の楽しさを味わうことができる。これがScratchのよいところです。

　本書で学ぶScratchのプログラミングのテクニックや考え方は、CやJava、JavaScript、PHPなどといった、プログラミングのプロ（プログラマーやエンジニアなど）が使っている言語を学ぶときにも同じように使えるものが数多くあります。それらの言語ではScratchよりも高度なプログラムが作れるものの、その分、初心者にとってのハードルは少々高めです。しかし、Scratchをマスターした読者は、そのようなハードルもきっと軽々と越えていけるでしょう。本格的にプログラミングの道に進む前に触れる言語としても、Scratchは大変すぐれたプログラミング環境です。

0.4　プログラムの開始

　ではさっそく、Scratchを開いてみましょう。Scratchはウェブアプリで提供されているので、ウェブブラウザーから利用できます。

やってみよう

　ウェブブラウザーで次のURL（アドレス）にアクセスするとScratchのサイトが開きます。※

※　Internet Explorerは対応していません。対応しているウェブブラウザーは、Chrome、Safari、Firefox、Edgeです。これらのウェブブラウザーがパソコンにインストールされていないときは、いずれかをインストールしてください。

https://scratch.mit.edu/

Scratchでプログラミングをするには、パソコンがインターネットにつながっている必要があります。インターネットにつながっていないときにScratchを使いたい人のために、「Scratchデスクトップ・エディター」（オフラインで使えるScratch）が用意されています。※

※　Scratchデスクトップ・エディターをインストールするときには、インターネットにつながっている必要があります。詳しくは巻末の付録1（196ページ）を参照してください。

　Scratchのトップページが開いたら（図3）、上部にあるメニューから「作る」をクリックするとプログラムを作成する画面に移動します（図4）。

図3

図4

0.5 Scratchの画面の見かた

Scratchの画面は主に四つのエリアに分かれています（図5）。

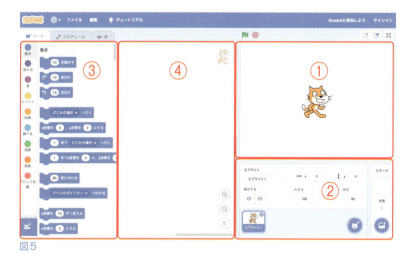

① ステージ
　動き（動作）の確認エリア

② スプライトリスト
　キャラクターエリア

③ ブロックパレット
　命令ブロックリストエリア

④ コード（スクリプト）エリア
　（タブで切り替え）
　・命令ブロックの構成エリア
　・コスチューム編集エリア
　・音編集エリア

図5

① ステージ

ステージは「舞台」です。ステージにはキャラクターを配置します。キャラクターのことを「スプライト」といいます。初期画面では、ネコのスプライトが1匹配置されています（図6）。

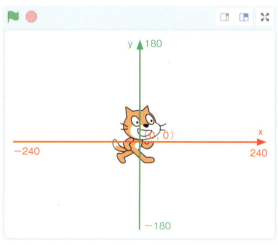

ステージ上の位置は座標で表します。
・横の位置はx座標で表します（左の図の赤の矢印）。
・左端から右端まで、−240〜240

・縦の位置はy座標で表します（左の図の緑の矢印）。
・下から上まで、−180〜180

・ちょうど真ん中は x座標が0、y座標も0

図6

図7

② **スプライトリスト**

スプライトの一覧が表示されます（図7）。それぞれのスプライトの状態を見ることができます。最初はネコのスプライトが1匹配置されているだけですが、スプライトを追加すると、図のように並んで表示されます。

図8

③ **ブロックパレット**

スプライトへ出す命令ブロックが並んでいる場所です（図8）。

ブロックは「動き」「見た目」など、種類ごとにまとめて用意されています。

同じ種類のブロックは同じ色になっています。それぞれの種類をクリックしてどんなブロックがあるか観察してみましょう。

図9a

④ このエリアは、「コード」「コスチューム」「音」のタブを切り替えて使います（図9a）。

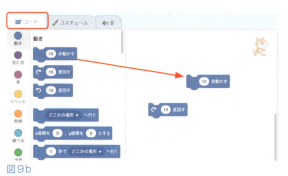

図9b

④-1 **コード（スクリプト）エリア**

命令ブロックを配置する場所です（図9b）。ブロックパレットから命令をドラッグしてこのエリア内で組み合わせます。

パレット右上にスプライトが表示されています。

figかc

④-2 コスチュームエリア

　スプライトのコスチュームの編集画面です（図9c）。自分でオリジナルのスプライトを描くこともできます。

図9d

④-3 音エリア

　効果音などの編集画面です（図9d）。パソコンにマイクがあれば、声などを録音して使うこともできます。

　では、続く第1章から、いよいよプログラムを作っていきましょう。その前に次ページからの「この本の使い方」に目を通しておいてください。

── column ──
この本の使い方

　本書は、実際にプログラムを作ることを通して、Scratchの操作を習得しながら、プログラミングやアルゴリズムの基礎を学ぶための本です。
　第1章からは、次のように学ぶことをおすすめします。

◆　① **目標の確認**

　各章の最初には「この章で学ぶこと」という項目があります。まだ内容を学ぶ前なので、読んでもよくわからないかもしれません。それでも、とりあえず目を通して、「ふーん、そんなことを学ぶんだな」と軽く確認をしましょう。どこに向かって学んでいるのか、ゴールを最初に知っておくことは大切です。章を読み進めて「？」が「！」になることを目指します。

◆　② **サンプルプログラムの動作を確認**

　第1～9章の各章では、簡単なゲームや物語といったサンプルプログラムを実際に作りながら、Scratchの仕組みや操作、プログラミングのポイントについて学んでいきます。自分でプログラムを作る前に、まずはサンプルプログラムを開いて実行し、どのようなプログラムを作るのかというイメージを持ちましょう。

◆　③ **サンプルのプログラムを作りながら学ぶ**

やってみよう

　これは、「いまから実際に作りましょう！」という合図です。サンプルのファイルを閉じて新しい画面を開きましょう（具体的な方法は後述します）。テキストを読みながらプログラムを作ります。

考えてみよう

　「やってみよう」の途中には、「考えてみよう」というコーナーがあります。よいプログラマーになるには、書かれたことをそのままマネして操作するだけでなく、どのようにプログラムを作ればよいのかを自分で考えられるようになること、見通しが持てるようになることが大切です。

　「考えてみよう」の後には答えが載っていますが、すぐに答えを読まずに、手元の紙やノートに書きだしてみるなどして、自分なりに考えてみましょう。もちろん、考えたうえでわからなければ、答えを見ながら「なるほど、そうやればいいのか！」と確かめてください。いずれにせよ、「自分で考えよう」とすることが大切です。

◆　④ **Scratchの操作やプログラミングのポイントについて理解を深める**

　〈Scratchの操作〉や〈プログラミングのポイント〉というコーナーは、さらに理解を深めるためのものです。

Scratchの操作

　サンプルプログラムづくりで出てきたScratchの操作や仕組みのうち、ポイントになるものを〈Scratchの操作〉としてまとめています。あとで操作や仕組みを忘れたら見なおしてみるとよいでしょう。巻末には〈Scratchの操作〉の一覧が載っています。

プログラミングの仕組みや基礎的な考え方を理解することで、自分の考えたプログラムを思い通りに作れるようになります。この〈プログラミングのポイント〉で紹介するポイントは、Scratchにとどまらず、いろいろなプログラミング言語に共通したものです。巻末には〈プログラミングのポイント〉の一覧も載っています。

◆　⑤　課題に挑戦

　サンプルができたら、〈チャレンジ〉〈ステップアップ〉などの課題に挑戦しましょう。サンプルのプログラムを改造したりしながら、実践的に考えられるような課題を用意しています。

チャレンジ

　サンプルを改造したり、簡単なプログラムを作ったりしてできる、基礎的な問題を出題します。ぜひ挑戦してください。

ステップアップ

　〈チャレンジ〉よりもやや難易度の高い課題です。〈チャレンジ〉で物足りない場合は挑戦してみてください。時間がある読者は、さらに次の⑥、⑦に挑戦してみるとよいでしょう。

◆　⑥　プログラムを自分のアイデアで改造

　チャレンジやステップアップだけでは物足りない読者は、サンプルで作ったプログラムや、チャレンジやステップアップで作ったプログラムを自分なりに改造したり新しい機能を追加したりしてみましょう。

◆　⑦　自分のアイデアでプログラムを作成

　自分のアイデアで一からプログラムを作ってみるのも楽しいでしょう。なお、自分オリジナルのプログラムを作る場合は、第3章までは終えておくことをおすすめします。

　⑥、⑦のように、自分なりにプログラムを作るときは、「あんなことがやってみたいな」と思いながらも、できないこともあるかもしれません。そんなときは、この本を最後まで読み、一通りのスキルを身につけてからもう一度挑戦したり、インターネットで調べたり、逆引き辞典のような本を手元に置いて調べたりするとよいでしょう。

サンプルファイルのダウンロードと起動方法

　各章で取り上げているサンプルプログラムは次のURL（アドレス）からダウンロードできます。各章で出題されているチャレンジ問題とステップアップ問題の解答と解説もダウンロードできます。

https://shop.nikkeibp.co.jp/front/commodity/0000/P60190/

サンプルプログラムをScratchに読み込むには、「ファイル」→「コンピューターから読み込む」を選び、上記サイトからダウンロードしたファイルを開きます。

第1章 Scratchの基本を知ろう

|この|章|で|学|ぶ|こ|と|

いよいよScratchプログラミングの始まりです。本章では、Scratchでプログラミングを楽しむための基本的な操作や用語などを学びます。

この章で学ぶScratchの操作　プログラムの作り方、スプライトの追加・変更・複製、背景の追加、ファイルの保存、サイトへの作品の公開

この章で学ぶプログラミングのポイント　エントリーポイント、逐次処理、繰り返し、乱数、オブジェクトとメソッド

1.1　シンプルなゲームを作ろう　（Scratchの基本的な操作）

　サンプルプログラムを作りながら、Scratchの基本的な操作をマスターしましょう。まずは、サンプルのファイル（sample1_1.sb3）を開いて、どのようなプログラムを作るのかを確認します。サンプルファイルのダウンロードの方法は序章の最後のColumn（13ページ）にあります。

図1

　ファイルの開き方は、Scratchの画面上部のメニューで「ファイル」→「コンピューターから読み込む」を選びます（図1）。

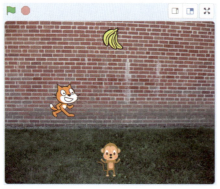

図2

　ステージの左上の旗（緑の旗）をクリックすると、ゲームが始まり、ネコが左右に動きます。ネコにあたらないように、キーボードの上下の矢印でサルを上下に動かしてバナナをとる、というゲームです（図2）。ネコにあたるとゲームオーバーです。

図3

やってみよう

　それでは、実際に作ってみましょう。

手順1　新しくプログラムを作り始めるときは、メニューの「ファイル」から「新規」を選びます（図3）。すると、「現在のプロジェクトの内容を置き換えますか？」と表示されるので、「OK」を選びます。

図4

手順2 ネコの名前と大きさを変えましょう。図のように、画面右下のスプライトリストで、名前を自分の好きな名前にして、ネコの大きさを75に変更します（図4）。

> **プログラミングのポイント**
>
> **スプライトの名前**
>   プログラムが複雑になるといろいろなスプライトが出てきます。あとでわかるように、スプライトの名前はできるだけ変更しましょう。わかりやすい名前をつけて整理しておくことは、よいプログラミングの第一歩です。

図5a

手順3 ネコのコスチュームを確認してみましょう。画面左上のスクリプトエリア（コードエリア）のタブで「コスチューム」を選びます（図5a）。

　このスプライトには二つのコスチュームがあります（図5b）。それぞれをクリックするとステージ上のネコの姿が変わります。このように、スプライトはコスチュームを着せ替えることができます。

　それぞれのコスチュームの左上には、コスチュームの番号が書いてあります（1と2）。

図5b

図5c

　コスチュームのアイコンにはコスチュームの名前が書いてありますが、名前が長いと途中で省略されている場合があります。

　それぞれのコスチュームをクリックすると名前を見ることができます（コスチューム1とコスチューム2、図5c）。

Scratchの操作

コスチューム
スプライトはコスチュームを持っています。コスチュームを切り替えることで、スプライトの見た目が変わります。それぞれのコスチュームには番号と名前がつけられています。番号や名前を使って、コスチュームの制御をすることができます。

図6

手順4　ネコに話をさせるようにします。ブロックパレットで「見た目」を選び、「こんにちは!と2秒言う」のブロックをクリックします（図6）。
　ネコが「こんにちは!」と言うはずです。

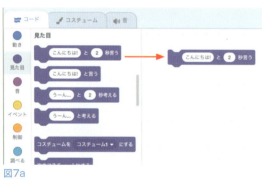
図7a

手順5　ブロックを並べてプログラミングをします。「こんにちは!と2秒言う」のブロックをスクリプトエリアにドラッグして移動します（図7a）。

図7b

同様にもう一つ「こんにちは!と2秒言う」のブロックをスクリプトエリアに移動し、「こんにちは!」を「元気かな？」に書きかえます。

二つのブロックをくっつけます（図7b）。ブロックをクリックして動きを確かめます。

このように、ブロックを組み合わせてできたプログラムを「スクリプト」といいます。

※　スクリプトについて詳しくは18ページの Scratchの操作 「『スクリプト』とは」をお読みください。

Scratchの操作

ブロックのはずし方

ブロックをはずすときは、下のブロックを上のブロックからはずします。そのとき、下のブロックについている他のブロックも一緒にはずれます（図A）。

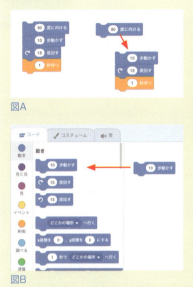

図A

ブロックの消し方

消したいブロックをブロックパレットに移動させます。これでスクリプトエリアから消せます（図B）。

消したいブロックの上で右クリックして表示されるメニューで「ブロックを削除」を選択しても消すことができます。

図B

図8a

手順6 旗をクリックするとプログラムが始まるようにします。

「イベント」の中の、「▶（旗）が押されたとき」のブロックをスクリプトエリアに移動させ、**手順3**で作った二つのブロックを「旗が押されたとき」のブロックにくっつけます（図8a）。

これで、旗がクリックされたときにこのスクリプトが実行されるようになります。

図8b

ステージの上にある旗をクリックしてみてください（図8b）。

ネコが話をしましたか？

> **Scratchの操作**
>
>
> 図A
>
> ## 「スクリプト」とは
> プログラムの中で、ブロックで作ったひとかたまりを「スクリプト」といいます。たとえば、この図Aの場合は、三つのスクリプト（かたまり）があります（ブロックが一つだけの場合でもスクリプトといいます）。ちなみに、スクリプトというのは、英語で「脚本」という意味です。脚本にしたがってスプライトが動くということですね。
>
> ただし、Scratch 3.0ではプログラムの中身を示す「コード」という言葉も使われています。スクリプトと同じ意味でコードという言葉が使われる機会が増えていくものと思われます。

> **プログラミングのポイント**
>
> ## エントリーポイント
> プログラムには、動き始めるためになんらかの「きっかけ」が必要です。上記の例では「旗をクリックする」ことが、プログラムの始まる「きっかけ」でした。このほかにも、キーを押したり、マウスで何かをクリックしたりすることを「きっかけ」として動き始める場合もあります。プログラムが始まる「きっかけ」のことを「エントリーポイント」といいます。

> **プログラミングのポイント**
>
> ## 逐次処理
> Scratchでは、上のブロックから順番に一つずつブロックの命令が実行されます。Scratchに限らず、たいていのプログラミング言語では上から一つずつ命令が実行されていきます。一つずつ順番に実行されていくことを「逐次処理」といいます。

図9a

図9b

手順7 「動き」のグループにある「10歩動かす」のブロックをクリックしてみましょう（図9a）。ネコが前に10歩動きます。「10歩動かす」のブロックを何回かクリックして、ネコの動きにあわせて画面右のスプライトのx座標が10ずつ増えていく様子も確かめましょう（図9b）。

手順8 「動き」のブロックを使ってスクリプトを作ってみましょう。

「10歩動かす」のブロックをスクリプトエリアにドラッグして移動します。さらに、「見た目」のブロックパレットにある「次のコスチュームにする」のブロックをスクリプトエリアにドラッグして移動し、図10のように組み合わせてスクリプトを作ります。

できたスクリプトを何度かクリックして動きを確かめてみましょう。

図10

プログラミングのポイント

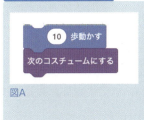
図A

逐次処理ふたたび

上記で作った図Aのスクリプトは、クリックすると、右に10歩動きながらコスチュームが変わります。この二つの動作は同時に見えるものの、厳密には「10歩動かす」ブロックが先に実行されてから、「次のコスチュームにする」ブロックが実行されています。処理が速いので同時に実行されているように見えるだけで、ここでも逐次処理になっています。

図11a　図11b

手順9　繰り返しのプログラムを作ります。「制御」グループの「ずっと」のブロックをスクリプトエリアに移動し、その中にさきほどのスクリプトをはめこみます（図11a、図11b）。

図11c

できあがった「ずっと」のブロックを「元気かな？と2秒言う」のブロックの下につけます（図11c）。

Scratchの操作

図A

「ずっと」のブロック

「ずっと」のブロックは、その中に挟まれたプログラムを何度も何度も、永遠に繰り返します（図A）。Scratchには、このような繰り返しのブロックがいくつか用意されています。

図12a

図12b

手順10　旗をクリックしてプログラムの動作を確認します。ネコのスプライトが右端まで歩いていきます。そのままだとプログラムはいつまでも動き続けるので、「止めるボタン」●を押して止めます（図12a）。

止めたら、真ん中までスプライトを引っ張りだして戻します（図12b）。

19

> **Scratchの操作**
>
> ### 止めるボタン
> 「止める」ボタン●は、動いているプログラムを止めるときに使います。

手順11 「動き」のグループの中の「もし端に着いたら、跳ね返る」のブロックを「ずっと」のブロックの中に追加します（図13）。

図13

手順12 旗をクリックして、動作を確かめます。止めるときは「止める」ボタンをクリックします。

跳ね返ったときに、ネコのスプライトがひっくり返ってしまいます（図14）。これはなぜでしょうか。また、どうすればひっくり返らなくなるのでしょうか。

図14

> **Scratchの操作**
>
>
>
> ### スプライトの向き
> スプライトの向きは、図Aのように表します。
> 上が0です。右回りで数が増えていき、ちょうど右は90度なので90になります。そのまま下までいくと180度なので180になります。
> 同様に、上から左回りでマイナスの数が増えていき、ちょうど左は−90となります。そのまま下までいくと−180となります。
>
> 図A

図15a 図15b

手順13 ネコのスプライトの「向き」の数字をクリックします（図15a）。すると図15bのように、スプライトの向きを表す円が表示されます。円の中の矢印をドラッグして動かすと、ステージ上のスプライトが回ります。

回しながら「向き」の個所に表示された角度と、ネコの向いている方向を確かめましょう。

図15c

いろいろと確かめて仕組みがわかったら、「90」(つまり右)に戻しておきましょう(図15c)。

図16

手順14 「回転の種類」で ▶◀ を選びます(図16)。

回転の種類を変更したら、「向き」の円の矢印 ➡ をドラッグして動かしてみてください。さきほどからどう変わりましたか？
確認できたら、向きを「90」に戻しておきます。

手順15 旗をクリックして動きを確かめてください。確かめたら、「止める」ボタンで止めます。

図17a

手順16 ネコを動かすスプライトはこれで完成です。今度は別のスプライトを追加します。

「スプライトを選ぶ」ボタンをクリックします(図17a)。

図17b

スプライトライブラリーから、自分の好きなスプライトを選びます。本書ではMonkeyを選んでいます。※

※ 何も選ばない場合は画面左上の「戻る」をクリックします。

図17c

新しいスプライトが追加されました。名前をつけて、大きさを変えるのを忘れないようにしましょう(図17c)。

ここではこのスプライトに「さるくん」という名前をつけて、大きさを45にしています。これからはネコとサルのスプライトをそれぞれの名前(ネコ、さるくん)で呼ぶことにします。

図17d

さるくんはステージの図の位置に移動しておきましょう(図17d)。

Scratchの操作

スプライトの追加と削除

図A

スプライトは、ライブラリーから追加する以外に、「用意したファイルをアップロードする」、「自分で描く」という方法で追加できます（図A）。それぞれにボタンが割り振られています。自分で絵を描く方法は、第2章の章末のColumn（45ページ）に載っています。

図B

スプライトを削除したいときは、スプライトの右上の⊗をクリックします（図B）。

図C

あやまってスプライトを削除したときは、メニューの「編集」から「スプライトの削除を取り消し」を選ぶと、削除したスプライトが戻ってきます（図C）。

図18

手順17 さるくんに動きをつけます。スプライトリストで、さるくんのスプライトを選択します（図18）。

キーボードの上矢印キーを押したら上に、キーボードの下矢印キーを押したら下に動くようにします。

手順18 さるくんに、次のようにスクリプトを作ります（図19）。

図19

「□キーが押されたとき」のキーの種類は、□の右端の▼をクリックして選びます。ここでは「上向き矢印」「下向き矢印」をそれぞれ選びます。

それぞれに「y座標を20ずつ変える」「y座標を－20ずつ変える」のブロックをつけます。数値は半角で入力します。y座標を増やすと上に、減らすと下に移動します。

スクリプトができたら、キーボードの↑キーあるいは↓キーで動かしてみましょう。

手順19 バナナのスプライトを追加します。

図20a

「スプライトを選ぶ」ボタンをクリックして（図20a）、Bananasを選択します。

図20b

図20c

Bananasのスプライトは、大きさを75にして、名前を「バナナ」に変更したうえで、ステージ上部に置いておきます（図20b、図20c）。

手順20 ネコのスプライトを次のように変更しましょう。

図21a

図21b

「○と○秒言う」のブロックを一つだけはずして削除し、残ったほうのせりふを変更します（図21a、図21b）。

図22a

図22b

手順21 背景を変えましょう。画面右下、「背景を選ぶ」ボタンをクリックし、ライブラリーから自分の好きな背景を選んでクリックします（図22a、図22b）。ここでは「Wall2」を選んでいます。

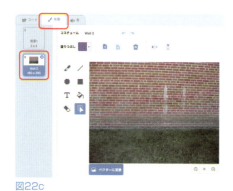
図22c

「背景」タブのところに新しい背景が追加されているのが確認できます（図22c）。

いくつも背景を追加して、ブロックを使って切り替えたりすることができます。

Scratchの操作

図A　図B

ステージのブロック
画面右下の「ステージ」をクリックすると（図A）、ブロックパレットの「見た目」グループに背景を操作するさまざまなブロックが表示されます（図B）。

これで完成です。旗をクリックしてプログラムを動かしてみましょう。ネコにあたらないように、フルーツのところに行って戻れるでしょうか。

手順21　次の Scratchの操作 を見て、ファイルを保存しましょう。ファイルには、あとで見たときに中身がわかりやすい名前をつけるようにします。

Scratchの操作

図A

図B

ファイルの保存
画面上部の「ファイル」→「コンピューターに保存する」を選んで保存します（図A）。

※　ファイルはブラウザー（ChromeやFirefoxなど）で設定されたフォルダーに保存されます。毎回保存場所を指定してファイル名をつけたいときは、ブラウザーの設定を変更します（本章末のColumn、32ページを参照）。

保存されたファイルを開く
画面上部の「ファイル」→「コンピュータから読み込む」を選んで、ファイルを開きます（図B）。保存されたファイルを直接ダブルクリックしても開かないので注意しましょう。

やってみよう

さるくんが触れると、バナナが消えるようにします。

手順1 バナナのスプライトを選んで図23a、図23bのようにスクリプトを作ります。※

図23a

もしさるくんに触れたなら、隠します。

図23b

※ 「ずっと」のブロックがなければ、旗がクリックされた直後に「もしさるくんに触れたなら」というブロックが一度だけしか実行されません。「ずっと」のブロックがあることで、「もしさるくんに触れたなら」のブロックが常時実行された状態になり、ネコがさるに触れたかどうかが常時チェックされます。

「さるくんに触れた」のブロックは、図23cのように「マウスのポインターに触れた」ブロックの▼をクリックすることで作ることができます。

図23c

手順2 旗をクリックしてゲームを始めましょう。バナナに触れたらバナナが消えましたか。

チャレンジ

このままでは、ゲームオーバーのあとで旗をクリックして再びゲームを始めるときに、バナナが消えたままで始まります。さるくんやネコも元の位置には戻ってくれません。

1.1.c1 ゲーム開始のときに、「旗が押されたら」、バナナが表示されるようにしよう。

1.1.c2 ゲーム開始のときに、「旗が押されたら」、さるくんが最初の位置に来るようにしよう（最初の位置は、x座標が0、y座標が－124です）。

1.1.c3 同様に、ゲーム開始の旗がクリックされたとき、ネコが最初の位置に来るようにしよう（最初の位置は、x座標が0、y座標が0です）。

プログラミングのポイント

初期化

チャレンジの問題でやったように、プログラムを開始するときには、スプライトを最初の位置に移動したりして、最初の状態に戻しておかなければいけません。これを「初期化」といいます。初期化を忘れていると、以前に実行したときのままの状態でプログラムが始まってしまいます。

ステップアップ

図A

1.1.s1 さるくんがネコにあたったら、ゲームが止まるようにしよう。「制御」グループのなかの「すべてを止める」のブロックを使います（図A）。

1.1.s2 自分なりにいろんなアレンジを加えて、ゲームを面白くしてみよう！
例：ネコをコピーして、二匹にする（図B）。

図B

図C

コピーは、スプライトの上で右クリックして「複製」をクリックします（図C）。

プログラミングのポイント

オブジェクト
図A

メソッド（オブジェクトに対して作られた処理）
図B

オブジェクトとメソッド

プログラミングの世界では、オブジェクトとメソッドという考え方があります。

オブジェクトとは日本語に直すと「モノ」という意味です（図A）。Scratchの場合はスプライトがそれにあたります。オブジェクトには属性とメソッドがあります。

メソッドとは日本語になおすと「処理」という意味です（図B）。Scratchではブロックで作ったスプライトがそれにあたります。

Scratchの操作

動かす、回すブロック

動かす、回すのブロックには、いくつかの種類があります。それぞれの違いを理解することで、スプライトに思い通りの動きをさせられます。

◆ 動かすブロック
「○歩動かす」「○座標を○ずつ変える」「○座標を○にする」の違い

 「10歩動かす」はスプライトの向いている方向へ10歩動かすという命令です。

※ 1歩は1ピクセル（モニターの最小単位）なので、実際には少ししか動きません。

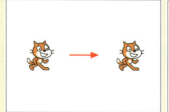

これに対して「x座標を10ずつ変える」は、スプライトの向きに関係なくx座標を10ずつ変えるという命令になります。

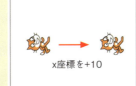

「x座標を10にする」の場合は、スプライトの向きや位置に関係なく、x座標を10に移動させるという命令になります。

◆ 回すブロック
「◯度に向ける」「◯度回す」の違い

「◯度に向ける」はスプライトの向きを変える命令です。数字を直接入力するか、表示された円の矢印を動かして中の数値を変えます。

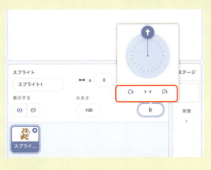「−90度に向ける」のブロックを使うと、反転しないで逆さまになります。「回転の種類」を変更することで、逆さまにならないようにできます。

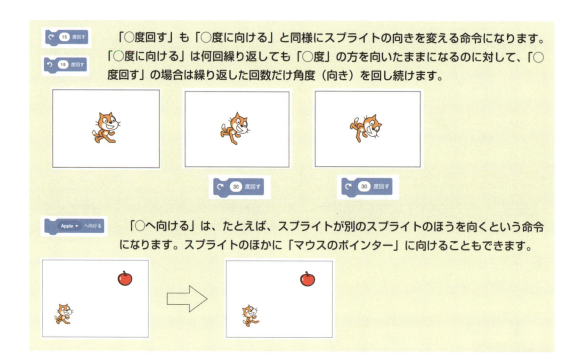

「○度回す」も「○度に向ける」と同様にスプライトの向きを変える命令になります。「○度に向ける」は何回繰り返しても「○度」の方を向いたままになるのに対して、「○度回す」の場合は繰り返した回数だけ角度（向き）を回し続けます。

「○へ向ける」は、たとえば、スプライトが別のスプライトのほうを向くという命令になります。スプライトのほかに「マウスのポインター」に向けることもできます。

チャレンジ

1.1.4 新規にプロジェクトを始めて（図A）、旗をクリックしたら、ネコのスプライトが画面上で動かしているマウスカーソルのほうを向き続けるように、スクリプトを作ってみよう（図B、図C）。

1.2 キャッチザフィッシュを作ろう！（乱数の使い方）

モグラたたきのようにランダムなタイミングで表示される魚をクリックするゲームを作成しながら、乱数について学びましょう。

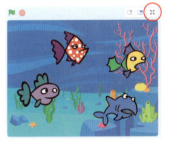

図24

サンプルのファイル（sample1_2.sb3）を開いて、どのようなプログラムを作るのかを確認します。旗をクリックすると、4匹のさかながランダムなタイミングで表示されたり消えたりします。表示されているタイミングでクリックすると魚の形が変わるゲームです（図24）。

このゲームは画面右上の最大化ボタン で最大化してプレイしてください。

図25a

図25b

やってみよう

それでは、実際に作ってみましょう。「ファイル」→「新規」を選んで、新たにプログラムを作ります。

手順1 まずステージで背景を設定します。背景は「ライブラリー」から選択します（図25a）。サンプルと同じもの（Underwater1）を選んでください（図25b）。

図26a

手順2 ネコのスプライトは、ここでは使用しないので削除します（図26a）。

図26b

続いて、魚のスプライトを追加していきます。このゲームのスプライトは、ライブラリーではなく、sample1_2.sb3と同じフォルダーの中に用意されているので、そこから開きます。「スプライトを選ぶ」ボタンの上にマウスカーソルをもっていくと、図26bのようにメニューが開くので、「スプライトをアップロード」を選びます。

図26c

Fish1.sprite3というファイルを選択すると、図26cのようにFish1というスプライトが追加されます。

図26d

同様に、Fish2.sprite3、Fish3.sprite3、Shark.sprite3を開きます（図26d）。

図26e

ステージの上で魚が重ならないように並べておきましょう（図26e）。

手順3 魚が表示される時間がランダムになるようにプログラミングしていきましょう。Fish1を選んでから、プログラムを作ります（図27a、図27b）。

図27a

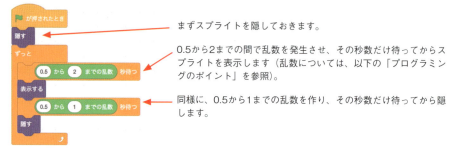

図27b

まずスプライトを隠しておきます。

0.5から2までの間で乱数を発生させ、その秒数だけ待ってからスプライトを表示します（乱数については、以下の「プログラミングのポイント」を参照）。

同様に、0.5から1までの乱数を作り、その秒数だけ待ってから隠します。

プログラミングのポイント

乱数

乱数とは、指定した範囲からランダムに数を作る仕組みです。乱数はサイコロのようなものです。サイコロをふると、1から6までの目がランダムにでます。乱数も同じようなものですが、サイコロのように1〜6の数ではなく、指定した範囲から数をだすことができます。たとえば、1〜10までの範囲を指定した場合、1〜10のいずれかの数がランダムにでます。サイコロと同じで、実行されるたびに違う数が表示されます（同じ数がでる可能性もあります）。

乱数がサイコロと違うのは、整数だけでなく小数をだすこともできるということです。たとえば、0.1〜1.5を範囲として指定すると、その範囲の中で0.6や0.8のような数がでます。

Scratchの操作

図A

「乱数」のブロック

Scratchで乱数を用いる場合は、図Aのブロックを使います。ブロックの初期値は「1から10までの乱数」となっています。この値を変えることによって範囲を変えることができます。

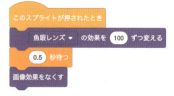

図28

手順4 魚がクリックされたときの処理をプログラミングします。
図28のスクリプトでは魚がクリックされたときに魚の形が変わり、0.5秒後に元の形に戻すようになっています。

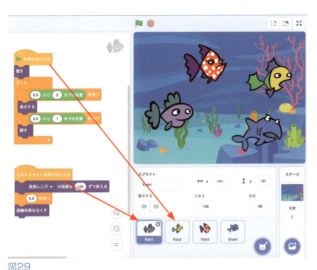

手順5 上で作ったFish1の二つのスクリプトを、ほかのすべての魚にコピーします。

コピーしたい二つのスクリプトを、コピー先のスプライトにそれぞれドラッグするとコピーできます（図29）。コピーをしたら、Fish2、Fish3、Sharkのスクリプトを確認してください。コピー直後はスクリプト同士が重なって表示されているかもしれませんので、その場合はスクリプトを画面の上で移動させて重ならないようにしてください。

図29

図A

Scratchの操作

ほかのスプライトへのスクリプトの複製（コピー）

スクリプトは、別のスプライトにドラッグすることでコピーできます。複数のスプライトに同じようなスクリプトを作るときは、それぞれのスプライトごとに作るのは面倒なので、コピーをしましょう。

ステップアップ

1.2.s1 魚をクリックしたときに、「魚眼レンズの効果」を使って形を変えるのではなく、コスチュームを変えて、色が赤に変わるようにしてみよう。

1.2.s2 乱数を使って魚の表示される位置も変えてみよう。ただし、魚が表示されたときに完全に重なってしまわないようにしましょう。

ヒント：画面を4分割で考え、それぞれの座標の範囲内で乱数を出現させます。

— column —
ファイルの保存先の変更

　Chrome、Firefox、Safariで、自分の指定したフォルダーにファイルを保存するには、設定を変更する必要があります。

※　以下の説明は本書執筆時のバージョンです。ウェブブラウザーのバージョンが変わって操作方法が異なる場合はインターネットで「Chrome 保存先」のように検索をして変更方法を調べるとよいでしょう。

Chromeの場合

1. 右上の ⋮ をクリックするとメニューが表示されるので、「設定」をクリックします。
2. 表示された設定画面の下のほうにある「詳細設定」をクリックします。
3. 「ダウンロード」項目から「ダウンロード前に各ファイルの保存場所を確認する」をクリックします（図A）。

図A

Firefoxの場合

1. メニューボタン ≡ をクリックし、「オプション」（Mac版は「設定」）を選択します。
2. 一般パネルで、「ファイルとアプリケーション」の下にある「ダウンロード」セクションを見つけます。
3. 「ファイルごとに保存先を指定する」にチェックを入れます（図B）。

図B

Safariの場合

1. 画面左上のメニューバーの「safari」から「環境設定」を開きます。
2. 環境設定画面の「ファイルのダウンロード先」を「ダウンロードごとに確認」に変更します（図C）。

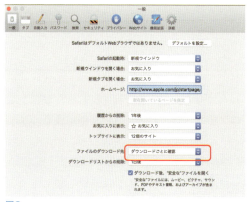

図C

MEMO

プログラムの流れをつかもう

第2章

|この|章|で|学|ぶ|こ|と|

本章では「物語づくり」を通してスクリプト同士でメッセージを送り合う仕組みを理解します。メッセージを使うことで、あるスプライトから別のスプライトの動作を始めることができたり、いくつものスプライト同士で動作を合わせたりすることができます。

| この章で学ぶScratchの操作 | メッセージの仕組み、背景の変え方、音の鳴らし方 |

| この章で学ぶプログラミングのポイント | プログラムの流れ |

2.1 プログラムの流れをつかもう（メッセージの仕組み、背景の変え方）

このサンプルでは「物語」を作ります。メッセージを使って他のスプライトに信号を送る仕組みを学びます。

図1

サンプルのファイル（sample2_1.sb3）を開き、動作を確認してください。旗をクリックすると、ネコのスプライトとGoboというスプライトが会話を始めます（図1）。

会話が終わると、二人が一緒に画面の右端まで歩いていきます。画面の右端までいくと背景が切り替わります。

背景が切り替わると、二人は元いた場所に戻り、会話を続けます。

図2

やってみよう

では、実際に作ってみましょう。「ファイル」→「新規」を選びます（図2）。

図3

手順1 ネコとGoboのスプライトを用意します。GoboはScratchにあらかじめ用意されたキャラクターです。

ネコのスプライトは「ネコ」と名前を変えて、大きさを75にします。Goboの大きさも75にします（図3）。

図4a　図4b

手順2　Goboは最初、右を向いています（図4a）。「向き」を左に向け、回転の種類を ▶◀ にしておきます（図4b）。

手順3　ステージには、次のように二つの背景を追加します。

サンプルでは、「Urban」と「Beach Malibu」の二つの背景を追加し、それぞれに「街の中」「ビーチ」と名前をつけています（図5a）。サンプル通りの背景でなくても構いません。

図5a

図5b

背景の名前は、図で示す欄で変更することができます（図5b）。

図5c

元の白い背景は消しておきます。消したい背景を選んで、右上の ✖ をクリックします（図5c）。

図6a　図6b

図6c

手順4　画面右下の「ステージ」を選びます（図6a）。左上の「コード」を選択して（図6b）、旗がクリックされたら一つめの背景（サンプルでは「街の中」）になるようにブロックを組みます（図6c）。

このように、スプライトだけでなく、ステージにもスクリプトを作ることができます。

図7

手順5　ネコには次のようなスクリプトを作ります。

　旗がクリックされると、最初の位置である（x: −162, y: −36）に行き、右を向きます。「こんにちは！」と言ったあとで「次のせりふどうぞ1」というメッセージを送ります（図7）。
　「次のせりふどうぞ1を送る」のブロックの作り方は、以下のScratchの操作を見てください。

　ブロックの座標の数はキーボードで入力できます。また、スプライトをさきに目的の位置に動かしておいてからブロックをスクリプトエリアにもってくることで、入力を省略することもできます。

Scratchの操作

「メッセージを送る」のブロック（センダー）

図A

　ブロックの中の「メッセージ1」の横の▼をクリックし、表示されたメニューから「新しいメッセージ」を選び、自分の好きな名前を入力します（図A）。メッセージを送る側のスプライトを「センダー」といいます。

Scratchの操作

メッセージの仕組み

図A

図B

　メッセージというのは、目に見えない信号のことです（図A）。「〜を送る」のブロックを使ってメッセージを送ります。メッセージには送り手と受け手があります。メッセージを送る側のスプライトを「センダー」といいます。Scratchではいろんなメッセージが飛び交うので、メッセージ（信号）に名前をつけることで、それぞれのメッセージを区別します。上の例では「次のせりふどうぞ1」という名前をつけています。
　送られた信号は、受け手の側のスプライトで「〜を受け取ったとき」というブロックを使って受け取ります（図B）。詳しい使い方は作りながら覚えましょう。

手順6 Goboには次のようなスクリプトを作ります（図8）。

旗がクリックされると最初の位置に行き、左を向くようにスクリプトを作ります。

ネコによって送られた「次のせりふどうぞ1」のメッセージを受け取ったときに、スクリプトが実行されます。

図8

> **Scratchの操作**
>
> **「メッセージを受け取ったとき」のブロック（レシーバー）**
>
>
>
> 「〜を受け取ったとき」のブロックは、「メッセージ1」の横の▼をクリックし、表示されたメニューから目的の名前を選択します（図A）。メッセージを受け取る側のスプライトを「レシーバー」といいます。
>
> 図A

手順7 ここまでできたら、旗をクリックして動きを確かめてみましょう

手順8 動作が確認できたら、Goboに「次のせりふをどうぞ2を送る」というブロックを追加します（図9）。

今度はGoboが、「次のせりふどうぞ2」というメッセージを送ります。

図9

手順9 ネコに次のスクリプトを追加します。

さきほどGoboが送った「次のせりふをどうぞ2」のメッセージをここで受け取ります（図10）。

今度は「次のせりふどうぞ3」のメッセージを送ります。

図10

手順10 Goboにスクリプトを追加します（図11）。

図11

手順11 ネコにスクリプトを追加します（図12）。

　Goboに触れるまで、ネコが右に3ずつ動きます。

　Goboに触れたら繰り返しが終わり、「一緒に行こう」というメッセージを送ります。

図12

Scratchの操作

「〜まで繰り返す」のブロック

第1章では「ずっと」の繰り返しを使いましたが、図Aも繰り返しのブロックです。六角形の中の条件が満たされるまで、このブロック内に並べたブロックを何度も繰り返します。

図A

手順12 Goboにスクリプトを追加します（図13）。

　「一緒に行こう」というメッセージを受け取ったら、右を向き、画面の右端に触れるまで右に3ずつ動きます。

図13

手順13 **手順11**で作ったネコのスクリプトに追加します（図14）。

　Goboに「一緒に行こう」というメッセージを送ったあとも、画面の右端に触れるまで右に3ずつ動き続けます。

　画面の右端に触れたら、背景を「ビーチ」に変更します。

図14

Scratchの操作

「背景を〜にする」のブロック

スプライトからも背景を変えることができます。「見た目」のブロックに、「背景を〜にする」があります（図A）。

図A

手順14 ネコとGoboにそれぞれ次のスクリプトを追加します。ネコは**手順13**のスクリプトに追加します。

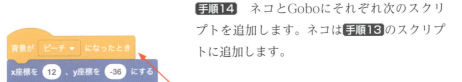

背景がビーチになったら、最初の位置に戻り、左を向きます（図15a）。

1秒後にせりふを話します。

図15a

背景がビーチになったら、最初の位置に戻り、1秒後にせりふを話します（図15b）。

図15b

ネコとGoboのメッセージのやりとり（「～を送る」「～を受け取ったとき」）に注意しながら、プログラムの流れをたどってみましょう（図16a、図16b）。

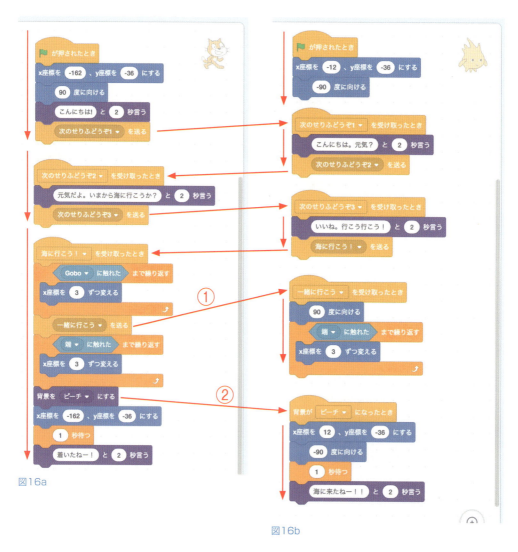

図16a

図16b

　①では、Goboにメッセージを送りながらも、そこで処理が終わらずにネコのスクリプトは継続して動いています。つまり、「一緒に行こう」という信号を送ったあとは、ネコとGoboのスクリプトが同時に動くことになります。

　②ではメッセージを送っているわけではありませんが、背景を変えています。背景が変わると、Scratchは（見えないところで）自動的に「背景が～になったとき」というメッセージを送ります。Goboはこのメッセージを受け取って処理をはじめています。

40

> **プログラミングのポイント**
>
> **プログラムの流れを把握する**
>
> 　プログラミングをするときには、どのような流れでプログラムが実行されるのかを把握しておくことが大切です。図16aの①や②のように、途中で枝分かれして、二つのプログラムが同時に実行されることもあります。このように、二つ以上のプログラムが同時に動作することを「並列処理」といいます。

> **プログラミングのポイント**

図A

ブロードキャスト

　メッセージは、どれか一つのスプライトに送られるわけではなく、まるでテレビの放送局のようにScratch全体に向けて送られるので、どのスプライトでも受け取ることができます。

　複数のスプライトで同時に同じメッセージを受け取ることもできます。図Aの場合は、ネコの送ったメッセージを四つのスプライトで受け取っています。

　送ったメッセージを自分自身で受け取ることもできます。

　このように、不特定多数に向けて信号を送ることを「ブロードキャスト」といいます。

2.2　BGMを流そう（音の鳴らし方）

ここでは、作ったプログラムに音を入れる方法を学びます。

図17

　音を入れるときには、音を入れたいスプライト（あるいはステージ）を選びます。たとえば、ネコに「にゃ～」という音を出させたいときには「ネコ」を選びますが、BGMは特定のスプライトとは関係のない音なので、ここでは「ステージ」を選びましょう（図17）。

やってみよう

それでは、実際に作ってみましょう。

図18

手順1　「ステージ」を選んでおき、スクリプトエリアのところで「音」のタブを選びます（図18）。

手順2 左下の「音を選ぶ」ボタンをクリックします（図19a）。

図19a

図19b

あらかじめScratchで用意されたさまざまな音が表示されます。この中から音が選べるようになっています（図19b）。

画面上部にはカテゴリーボタンがあります。「動物」や「効果」など、カテゴリーごとに音のリストを表示することもできます。

図19c

「ループ」カテゴリーから自分の好きな音を選んでください。図19cでは「Guitar Chords2」を選んでいます。

図19d

図19dのように、選んだ音が追加されます。

音の名前を変更することができます。ここでは、わかりやすく「BGM」という名前に変更しています。

第1章でも記したように、あとでプログラミングをするときのために、わかりやすい名前に変えること忘れないようにしましょう。

図20

図21

手順3 このままでは音は鳴りません。音のブロックを使ってプログラムを作ります。

「コード」タブをクリックします。

「音」の中から「終わるまでBGMの音を鳴らす」のブロックを使って、図20のようにスクリプトを作ります。

手順4 旗のボタンをクリックして、動きと音を確かめましょう（図21）。

音がでないときは、プログラムが間違っているか、パソコンが音の出る設定になっていないかのどちらかです。

Scratchの操作

音の鳴らし方（まとめ）
音を使う場合の操作の手順をまとめると、次のようになります。
① 音を入れたいスプライトを選ぶ
② 音を読み込む（Scratchに用意された音、録音、音声ファイルから）
③ 音のブロックを使ってスクリプトを作る

音の録音、ファイルからの読み込み

音を読み込むときは、Scratchであらかじめ用意された音のほかに、パソコンのマイクで音を録音したり、自分で用意した音声のファイルを使ったりすることができます（図A）。

図A

録音するときはこのボタンを使います。パソコンにマイクがついている場合はそのまま録音ができます。ついていない場合はマイクをつないで録音します。

音声ファイルを読み込むときはこのボタンを使います。音声ファイルは、mp3形式とwav形式がサポートされています。サポートされていない形式の場合は、先にこれらに変換してから読み込みます。

音のブロック

音はいくつも読み込むことができます（図B）。読み込んだ音は、音を鳴らすブロックのメニューから選択できるようになります（図C）。

図B

図C

プログラミングのポイント

スクリプトを追加する場所

ブロックを追加するときには、「どこにそのブロックを追加するとよいのか」をよく考えましょう。

できるだけそのスプライトに関係のあるブロックやスクリプトだけを追加するようにしましょう。どのスプライトにも関係がないスクリプトは「ステージ」に追加します。たとえばこの章では、「BGM」を「ステージ」に追加しています。

このルールにしたがってブロックを追加すると、あとでプログラムを見なおすときに、ブロックをどこに置いたのかがわからないということが少なくなります。

どこで何をやっているのかがわかりやすく記述されているのがよいプログラムです。プログラムを作成した人以外の人が見たときに、プログラムを簡単に理解できるかどうかを目安に考えるとよいでしょう。

チャレンジ

2.1.c1　自分なりのオリジナルなアニメーションを作ってみよう。ただし、次の条件を入れましょう。
- 旗を押して始める
- メッセージを使う
- 背景を変える
- 音を入れる
- スプライトを自分で描いてもよい（次ページのColumnを参照）。

この課題に正解はありません。自分なりに試行錯誤をして、よい作品を作ってください。

― column ―
描画の基本

　Scratchでは、用意されたスプライトだけでなく、自分で描いたキャラクターや背景をプログラムで使用することができます。自分で描いたキャラクターや背景が動く楽しさもScratchの醍醐味です。

◆ 背景を描く場合

　背景を新しく自分で描く場合は、スプライトエリア右下の「背景を選ぶ」マークの上にマウスを持っていき、上から3番目の「描く」を選択します（図A）。

図A

図B

描画エリアが図Bのように表示されたら準備完了です。

◆ キャラクター（スプライト）を描く場合

　キャラクター（スプライト）を新しく自分で描く場合は、スプライトエリア右下の「スプライトを選ぶ」マークの上にマウスを持っていき、上から3番目の「描く」を選択します（図C）。

図C

図D

描画エリアが図Dのように表示されたら準備完了です。

◆ 描画エリアの説明

描画エリアの使い方は「背景」と「キャラクター」で共通です。

画面上部の各ボタンの説明は以下の通りです（図E）。

図E

① 「名前」

コスチュームや背景の名前を変更することができます。

② 「取り消し」

一つ前の作業に戻ることができます。

③ 「やり直し」

取り消しを戻すことができます。

④ 「グループ化」

複数の図を選択してグループにすることができます。グループ化することで一つの図として扱うことができるようになります。

⑤ 「グループ解除」

グループ化された図を解除できます。

⑥ 「手前に出す」

選択した図などの順番を一つ手前にすることができます。

⑦ 「奥に下げる」

選択した図などの順番を一つ奥に下げることができます。

⑧ 「最前面」

選択した図などの順番を1番手前にすることができます。

⑨ 「下げる」

選択した図などの順番を1番奥に下げることができます。

⑩ 「塗りつぶし」

図を指定した色で塗りつぶすことができます。

⑪ 「枠線」

線や図の枠線の色を指定することができます。

⑫ 「線幅」

線や図の枠線の太さを変えることができます。

⑬「コピー」

選択した図などをコピーすることができます。

⑭「貼り付け」

コピーした図などを貼り付けることができます。

⑮「削除」

何も選択せずにクリックするとすべてが削除されますが、範囲を選択してからクリックすると選択範囲だけを削除することができます。

⑯「左右を反転」

水平方向に反転させることができます。
後述する選択ツールで範囲を選択すると選択範囲だけ反転させることができます。

⑰「上下を反転」

垂直方向に反転させることができます。
後述する選択ツールで範囲を選択すると選択範囲だけ反転させることができます。

◆ ビットマップモードとベクターモードの違い

　描画エリア左下にあるボタンで「ビットマップモード」と「ベクターモード」を切り替えることができます（図F）。

図F

・ビットマップモード

　ビットマップは小さな点（ピクセル）で画像を描いているため、拡大表示すると画質が劣化するという欠点があります。

・ベクターモード

　ベクターはアンカーポイントと呼ばれる点と線で描いているので、輪郭がはっきりとしていて、拡大表示してもビットマップのように画質が劣化することはありません。

◆ ビットマップモードの描画ツールの説明（図G）

①
②
③ ●
④ ■
⑤ T
⑥ 🖌
⑦ 🏷
⑧ ▣

図G

①「筆」
マウスで自由に線を描くことができます。

②「直線」
マウスで始点と終点を決め、直線を描くことができます。
また、シフトを押しながら描くと垂直線または水平線を描くことができます。

③「円」
シフトを押しながら円を描くと正円が描けます。

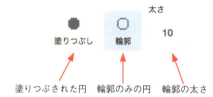

塗りつぶされた円　輪郭のみの円　輪郭の太さ

④「四角形」
シフトを押しながら四角を描くと正方形が描けます。
オプションの使い方は③と同じです。

⑤「テキスト」
テキストを好きな場所に書き込むことができます。

この状態のときは移動できます

⑥「塗りつぶし」
線で囲まれた範囲を選択した配色で塗りつぶすことができます。

⑦「消しゴム」
消したい所をマウスで消していくことができます。

⑧「選択」
移動や削除、反転などの変更したい範囲をマウスで選択することができます。

◆ **ベクターモードの描画ツールの説明**（図H）

⑨
⑩
⑪
⑫
⑬
⑭
⑮
⑯

図H

⑨「選択」

ビットマップモード⑧と同様。

移動や削除、反転などの変更したい範囲をマウスで選択することができます。

⑩「形を変える」

⑨で選択した描画のアンカーポイントを表示させ、自由に再描画することができます。

⑪「筆」

ビットマップモード①と同様。

マウスで自由に線を描くことができます。

⑫「消しゴム」

ビットマップモード⑦と同様。

消したい所をマウスで消していくことができます。

⑬「塗りつぶし」

ビットマップモード⑥と同様。

線で囲まれた範囲を選択した配色で塗りつぶすことができます。

⑭「テキスト」

ビットマップモード⑤と同様。

テキストを好きな場所に書き込むことができます。

⑮「直線」

ビットマップモード②と同様。

シフトを押しながら描くと垂直線または水平線が描けます。

⑯「円」

ビットマップモード③と同様。

シフトを押しながら円を描くと正円が描けます。

⑰「四角形」

ビットマップモード④と同様。

シフトを押しながら四角を描くと正方形が描けます。

◆ **中心点の設定**

図I

コスチューム（スプライト）の描画エリアの中心にある「＋」は中心点です（図I）。中心点はコスチューム（スプライト）の基準となる点です。この中心点が座標の点となりますので、キャラクターを描くときにはキャラクターの中心がこの中心点となるように描きましょう。

・中心点にキャラクターを描いた場合の座標（0,0）の位置（図J）

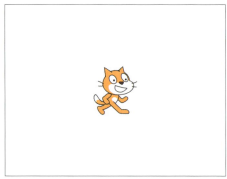

図J

・中心点にキャラクターを描かなかった場合の座標（0,0）の位置（図K）

図K

MEMO

第3章 変数と配列の使い方をマスターしよう

|この|章|で|学|ぶ|こ|と|

本章では、数や文字などのデータを記録しておくための仕組みである、変数や配列について学びます。

この章で学ぶScratchの操作　　変数、リスト、ユーザーによる入力

この章で学ぶプログラミングのポイント　　変数、配列、ユーザーによる入力

3.1 キャッチザフィッシュ、再び（変数の仕組み）

ここでは、第1章で作成したゲームを、得点が加算されるゲームに改造します。得点が加算されるスクリプトを作りながら、変数の仕組みについて理解しましょう

図1

サンプルのファイル（sample3_1.sb3）を開いて動作を確認します。

旗をクリックすると、4匹の魚がランダムなタイミングで表示されたり消えたりします（図1）。

表示されているタイミングでクリックすると魚が赤くなり、得点が加算されます。ゲーム時間は60秒です。

このゲームは画面右上の最大化ボタン で最大化して実行してください。

やってみよう

手順1　これらの魚のスプライトは、sample3_1.sb3のファイルが入っているフォルダーにあります。四つすべてを、「スプライトを選ぶ」ボタンの「スプライトをアップロード」から読み込んでください。Fish1.sprite3、Fish2.sprite3、Fish3.sprite3、Shark.sprite3です（図2a、図2b）。

図2a　図2b

それぞれのスプライトの名前と大きさを変えておきましょう。図3では、大きさを80にしています。

図3

手順2 コスチュームの名前をわかりやすいように変更します。図4の◯で囲んだところで名前を変更できます。

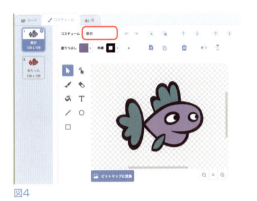
図4

図4では、1番目のコスチュームの名前を「最初」、2番目のコスチュームを「あたった」にしています。

ほかの三つの魚も同様にコスチュームの名前を変更します。

それぞれのスプライトで、コスチュームを「最初」に戻しておきます。

図5a
図5b

図5c

手順3 背景を変えます（図5a）。図5bでは「Underwater1」を選んでいます。

「背景1」は不要ですので削除しておきましょう（図5c）。

手順4 得点をカウントするための変数を準備します。「魚1」を選択してください（図6a）。

図6a
図6b

図6c

「変数」グループの「変数を作る」ボタンをクリックします（図6b）。

表示された画面の「新しい変数名」のところに「得点」と入力して「OK」をクリックします（図6c）。

> プログラミングのポイント

変数

　変数とは、データ（数や文字）を記憶しておく入れ物のことです。一つの入れ物には、一度に一つしかデータを入れておくことができません（図A）。新しくデータを入れると、それまで入っていたデータは消えてしまいます。

　プログラムではいくつも変数を作ることが多いので、それぞれを見分けるために変数には必ず名前をつけておきます。これを「変数名」と呼びます。

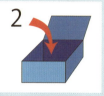
図A

　「変数名」はどのような名前でもつけることができます。ただし、中身がわかるような名前をつけるようにします。たとえば、サンプルのプログラムでは得点を入れておくので「得点」という名前をつけています。

　変数には、プログラムのどこからでも利用することができるグローバル変数と、特定の範囲内でのみ利用できるローカル変数があります。上で紹介した「新しい変数」画面にある「すべてのスプライト用」を選択した場合はグローバル変数、「このスプライトのみ」を選択した場合はローカル変数になります。

> Scratchの操作

変数の作り方・使い方

図A

図B

　Scratchで変数を作るときは、「変数」グループを選びます。「変数を作る」をクリックすると変数名を入力する画面が開きます（図A）。

　変数名は、中にどんなデータを入れるのかが、よくわかる名前にしましょう（図B）。

　変数を作るときに、「すべてのスプライト用」にすると、その変数は、ステージを含むすべてのスプライトから利用できます。「このスプライトのみ」にすると、その変数はほかのスプライトから利用することはできません。ほかのスプライトからデータを変更されたくないときは「このスプライトのみ」を選びましょう。

　「すべてのスプライト用」がグローバル変数、「このスプライトのみ」がローカル変数にあたります。

図C

　変数を作ると、4種類のブロックが使えるようになります（図C）。
- 「変数を○にする」は、その変数に○で指定したデータを入れます。
- 「変数を○ずつ変える」は、その変数にすでに入っている数値に○で指定した数が足されます。○の中がマイナスのときは引かれます。
- 「変数○を表示する」「変数○を隠す」を使うと、ステージ上にその変数を表示するかどうかを決めることができます。

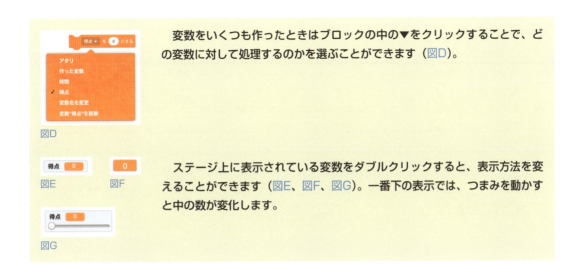

変数をいくつも作ったときはブロックの中の▼をクリックすることで、どの変数に対して処理するのかを選ぶことができます（図D）。

図D

図E　図F

ステージ上に表示されている変数をダブルクリックすると、表示方法を変えることができます（図E、図F、図G）。一番下の表示では、つまみを動かすと中の数が変化します。

図G

ゲームのスクリプトを作っていく前に、変数のはたらきを確認してみましょう。

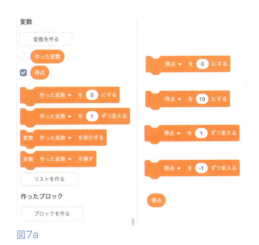

図7a

図7aのように、「作った変数を○にする」と「作った変数を○ずつ変える」のブロックをスクリプトエリアにドラッグして、各ブロックの変数名を「得点」に変更します。それぞれの○の中の数を変更します。「得点」の丸いブロックも並べておきます。

並べた四つのブロックを、それぞれ何度かクリックしてステージ上の 得点 0 変数がどのように変化するのかを確かめてみましょう。

図7b

得点 の丸いブロックには変数「得点」の中身が入っています。スクリプトエリアに並べた四つのブロックをクリックして変数「得点」の中身を変え、丸いブロックをクリックして中身を確かめてみましょう（図7b）。

動作の確認が終わったら、これら五つのブロックは削除しておきます。

> **Scratchの操作**
>
> ## 丸いブロック
>
> 　変数のところで確認したように、Scratchには丸いブロックがいくつもあります。丸いブロックには、数や文字などのデータが入っています。ここでは、そのうちのいくつかを紹介します。実際に画面上で丸いブロックをクリックして中のデータを確かめてください。
>
> 　　変数のデータが入っています。
>
> 　　「動き」グループの中にあります。スプライトの座標や向きが入っています。丸いブロックの左のチェックボックスにチェックを入れると、ステージ上に表示されるようになります。
>
> 　　「調べる」グループの中にあります。マウスの座標が入っています。たとえば、図Aのようにすると、マウスでスプライトを上下に動かすことができるようになります。
>
>
>
> 図A
>
> 　　「見た目」グループの中にあります。スプライトのコスチュームの番号や名前、背景の番号や名前、スプライトの大きさなどのデータが入っています。番号の横の「▼」をクリックすると、「名前」に切り替えることができます。
>
> 　丸いブロックを使うと、「スプライトがこの位置に来たときにはこうする」といったスクリプトが作れるようになります。

手順5　ここからはゲームのスクリプトを作っていきます。

まず、ステージを選んで、図8のスクリプトを作ります。

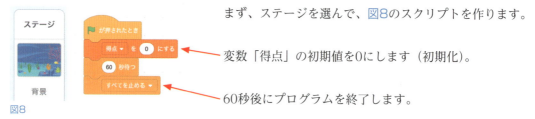

図8

変数「得点」の初期値を0にします（初期化）。

60秒後にプログラムを終了します。

> **プログラミングのポイント**
>
> ## 初期化
>
> 　第1章でも説明したように、プログラムを開始するときには、変数の中身を最初の状態に設定したり、スプライトを最初の位置に移動したりしておく必要があります。これを「初期化」といいます。サンプルのプログラムでは変数「得点」を0にしています。
>
> 　初期化を忘れていると、以前に実行した状態でプログラムが始まるので正しくプログラムが動作しません。

手順6 魚1のスプライトを選んで、次の①、②のスクリプトを作ります。

①魚を表示する位置とタイミングを決めるスクリプト
②魚がクリックされたときの処理を行うスクリプト

① **魚を表示する位置とタイミングを決めるスクリプト**

魚が出現する位置は、ステージを4分割してそれぞれの領域でランダムに出現させます（図9a）。

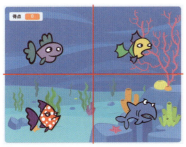

魚1（紫）：x座標 −180〜−20、y座標 20〜140
魚2（黄）：x座標 20〜180、y座標 20〜140
魚3（赤白）：x座標 −180〜−20、y座標 −140〜−20
魚4（サメ）：x座標 20〜180、y座標 −140〜−20

ステージの端から魚の身体がはみ出ないように少し余裕を持たせています。魚1だとx座標−240〜0、y座標0〜180とする代わりに、x座標−180〜−20、y座標20〜140としています。

図9a

魚1にスクリプトを作ります（図9b）。

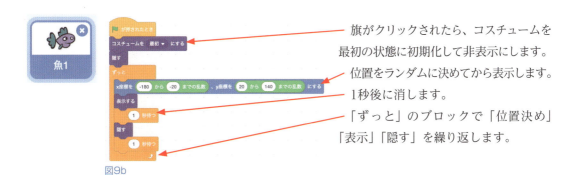

旗がクリックされたら、コスチュームを最初の状態に初期化して非表示にします。
位置をランダムに決めてから表示します。
1秒後に消します。
「ずっと」のブロックで「位置決め」「表示」「隠す」を繰り返します。

図9b

旗をクリックして動きを確かめてください。うまく動いていたら止めるボタンで止めます。

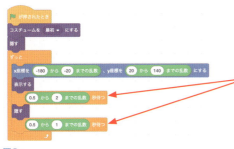

以上で位置決めはできたので、あとはランダムなタイミングで表示するだけです。

「○秒待つ」のブロックを図9cのように修正します。表示している時間を0.5〜2秒に、消している時間を0.5〜1秒にしています。これらの時間は好みですので、あとで実際にゲームをしながら調整をするとよいでしょう。

図9c

② **魚がクリックされたときの処理を決めるスクリプト**

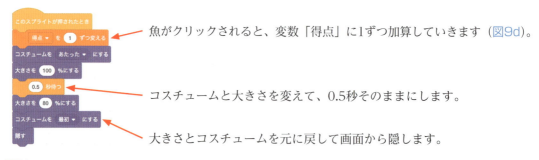

魚がクリックされると、変数「得点」に1ずつ加算していきます（図9d）。

コスチュームと大きさを変えて、0.5秒そのままにします。

大きさとコスチュームを元に戻して画面から隠します。

図9d

旗をクリックして、ここまで作ったスクリプトの動作を確認してみましょう。

手順7 動作を確認できたら、魚1の三つのスクリプトを魚2、魚3、魚4にコピーします。57ページの図9aの説明を参照しながら、それぞれの魚に合わせて出現位置の数を変更します。

コピーをしたあと、乱数のブロックの数を変更します（図10）。

図10

以上でこのスクリプトは完成です。魚がクリックされるごとに得点が増えていきます。旗をクリックして動作を確かめてください。

チャレンジ

3.1.c1　さめをクリックしたら2点増えるようにスクリプトを修正しよう。

ステップアップ

3.1.s1　図Aのように、ゲーム中にそれぞれの魚が何回クリックされているかを表示するようにしよう。

　　ヒント：それぞれの魚に対して変数を作ります。

図A

3.2 ラッキーナンバー占いを作ろう（ユーザーからの入力の処理）

まずはサンプル（sample3_2.sb3）を試してみましょう。ただし、このサンプルは音が出ますので、周りに配慮して実行してください。

旗をクリックすると名前をたずねてきます（図11）。ステージ下部のボックスに名前を入力すると、あなたの今日のラッキーナンバーを教えてくれます。

スクリプトを作る前に、ユーザーからの入力を処理するブロックについて理解しておきましょう。

図11

Scratchの操作

図A

図B

ユーザーからの入力

ユーザーからの入力には「○と聞いて待つ」のブロックを使います（図A）。

「○と聞いて待つ」のブロックが実行されると、ブロックの中に書かれた言葉がスプライトの吹き出しとして表示され、図Bのように入力待ち状態となります。

入力された値は [答え] のブロックの中に入ります。

やってみよう

手順1　ステージに適当な背景を設定します。

手順2　ネコのスプライトに次のスクリプトを作ります※（図12）。

※緑色のブロックの作り方は、次ページの Scratchの操作 「せりふのつなげかた」を見てください。
※ブロックが長くなって作業がしにくくなったときの操作の仕方は、次ページの Scratchの操作 「ブロックが長くなったときは」を見てください。

図12

Scratchの操作

図A

図B

図C

図D

せりふのつなげ方

せりふは「○と○」のブロックでつなげることができます。図Aの場合は「今日は晴れだね」というせりふになります。

三つのせりふをつなげるときは、「○と○」のブロックを二つ使います（図B）。片方をもう片方に入れ込みます。

図Cの場合、「今日は晴れだね嬉しいね」というせりふになります。こんなふうに、いくつでも「○と○」のブロックをつなげることができます。

つなげたブロックを移動させるときは、重なりの一番下のブロックをドラッグしないと、上のブロックが外れてしまいます。気をつけてください。

「変数」「答え」「乱数」などの丸いブロックを「○と○」のブロックに入れることもできます（図D）。このようにすると、変数や答えの中身をスプライトに話させることができます。

Scratchの操作

ブロックが長くなったときは

ブロックが長くなりすぎて操作がしにくくなったときは、次の2通りの方法で操作環境を変更することで、操作がしやすくなります。

ステージ右上の、サイズ変更のボタンで「小さいステージ」モードにして、スクリプトエリアを大きくします。

画面下のズームのボタンで、表示されているブロックのサイズを変更します。

図13

もしも音を入れたい場合は、ステージに音を追加してから（忘れた場合は第2章44ページの プログラミングのポイント を参照）、図13のようにブロックを作ります。

図では、音を鳴らす前に音量を調節するブロックがあります。○の中の数を変えると、鳴らす音の大きさを変えることができます。

3.3 簡単な計算クイズ（理解を深める）

簡単な計算クイズのゲームを作りながら、「乱数」「変数」「ユーザーによる入力」についてさらに理解を深めましょう。サンプル（sample3_3.sb3）を開きます。

図14

上の大きいリンゴに表示された数にするには、右下の「？」のリンゴにいくつの数を入れたらよいかを答えるゲームです（図14）。

問題は10問です。正解すると得点が1点ずつ加算されます。

答えは「半角」で入力してください。「全角」にすると数として認識されず、不正解になります。

やってみよう

そでは実際に作ってみましょう。

図15a

手順1 背景を変更します。背景は自分の好きなものを選んでください。

さらに、図15aのようにスプライトを追加します。ここではリンゴはライブラリーのものを使います。「＋」のスプライトやりんごの上の「？」は自分で描きます。

絵の描き方は45ページの「描画の基本」を参考にしてください。

スプライトの大きさを変更してステージの上に並べておきます。上のりんご（Apple）の大きさは135です（図15b）。

図15b

手順3 ステージで、次の四つの変数を作ります。表1の説明をよく読んでおいてください。

表1

種類	名前	説明
変数	数1	乱数を用いて、1～100までの数が入る（大きいりんごの数）
変数	数2	乱数を用いて、1～数1までの数が入る（左のりんごの数）。数1を超える数が入ってはいけない
変数	正解	正解である「数1－数2」が入る。非表示にしておく
変数	得点	得点を入れておく変数

図16a

変数は、変数名の横にチェックマークの入っているものがステージ上に表示されるようになっています。変数「正解」がステージに表示されていては、答えがバレるので、「正解」のチェックを外しておきます（図16a）。

表示されている変数のボックスは、画面上で動かすことができます。

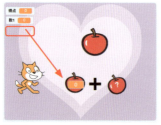

図16b

変数のボックスをダブルクリックすることにより、値だけを表示するように表示方法が変更できます。

それぞれの変数を適切な位置に動かし、ダブルクリックをして表示方法を変更してください。上のりんごが変数「数1」、左のりんごが変数「数2」です（図16b）。

図17

手順4 ステージにスクリプトを追加します（図17）。「旗が押されたとき」に、それぞれの変数をゲーム開始時点の値に初期化します。

手順5 ネコのスプライトにプログラミングしていきます（図18）。このゲームのメインのプログラムです。

図18

ネコを最初の位置に持ってきます。
ゲームの説明を言わせます。

手順6 ネコのスプライトに、次のスクリプトを追加します（図19）。

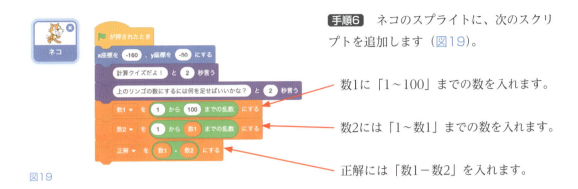
図19

- 数1に「1～100」までの数を入れます。
- 数2には「1～数1」までの数を入れます。
- 正解には「数1－数2」を入れます。

旗をクリックして、それぞれの変数に値が入るかどうかをチェックしてください。必要であれば変数「正解」を表示して確認します。

Scratchの操作

計算式の作りかた　その1

計算をするときには、これらのブロックを使います（図A）。
上から、足す、引く、掛ける、割る、です。
この中に、数や変数を入れることで計算をします。

図A

手順7 図20のようにスクリプトを追加します。

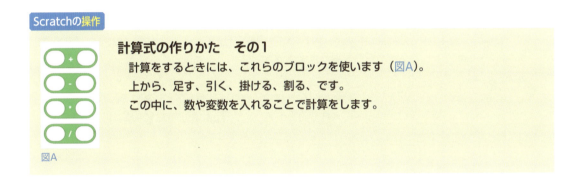
図20

- ユーザーに入力してもらいます。
- もしも入力された「答え」が変数「正解」と同じなら、得点を1増やして「正解」と言います。
- 同じでなければ「間違い」と言います。

> **Scratchの操作**
>
>
> 図A
>
> 「もし〜なら」のブロック
>
> 図Aのブロックは、六角形のところに条件を入れ、条件に合っている場合とそうでない場合で処理を分けます。ゲームの中では、正解であった場合には得点を1ずつ変えて「正解！」と表示し、そうでなかった場合には「間違い！」と表示させるようにしています。このブロックのより詳しい使い方は第4章で見ていきます。

> **Scratchの操作**
>
>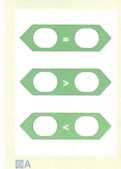
> 図A
>
> 「 ＝ 」のブロック
>
> 図Aの一番上のブロックは、右側と左側に入れた数字や文字が「同じかどうか」を確かめるためのブロックです。
>
> このほかにも「 ＞ 」（大きいかどうか）、「 ＜ 」（小さいかどうか）を確かめるブロックがあります。
>
> こうした六角形のブロックは「もし〜なら」など、条件を確かめるためのブロックの中に入れて使います。より詳しい使い方は第4章で見ていきます。

手順8 旗をクリックして動作を確かめてください。うまく動きましたか？

うまく動かない場合はもういちどスクリプトをチェックします。ブロックの中の数が全角になっていませんか。数字を全角で入れると、それは「数」ではなく「文字」として扱われるのでうまく計算ができなくなります。

> **考えてみよう**
>
> このままでは1問だけしか出題されません。どうすれば10問出題されるでしょうか。次の説明を見ずに自分でスクリプトが作れる場合は、自分でやってみましょう。
>
>
> 図A
>
> 図Aのブロックを使います。このブロックは、この中に入っているスクリプトを10回繰り返します。

手順9 図21のようにスクリプトを追加します。

繰り返すのは、数1、数2、正解の準備のスクリプトから、正解判定の最後までです。

図21

手順10 最後に「おしまい！」のせりふを追加します（図22）。

以上で完成です。旗をクリックして動作を確認してください。

あとは、それぞれのスプライトを最初の位置に初期化するスクリプト（旗をクリックしたら最初の位置に行く）を追加したり、右側のりんごを揺らすスクリプトを追加するだけです。自分で考えながら作ってみましょう。

わからなければサンプルのファイル（sample3_3.sb3）を確認します。ただし、サンプルを開く前に、自分がいま作っているファイルを保存するのを忘れないように。せっかく作ったファイルが消えてしまいます。

図22

チャレンジ

3.3.c1 答えを間違ったら得点が2点減るようにプログラムを修正してください。

3.3.c2 制限時間を設けて時間内にできなければネコのスプライトが「時間切れ！」と言うようにしてみましょう。制限時間は120秒としてプログラミングしてください。

ヒント：3.1「キャッチザフィッシュ」の手順5で制限時間のスクリプトを作りました。

ステップアップ

3.3.s1 　数1を1~100ではなく、ユーザーに「いくつまでの数にしますか？」とたずねてください。「1~ユーザーが答えた数」までの数で出題します。

3.3.s2 　タイマー（以下の Scratchの操作 を参照）を使ってカウントダウンさせてみます。120秒以内に10問できなければネコのスプライトが「時間切れ！」と言うようにしてみましょう。

Scratchの操作

図A

図B

タイマー
　Scratchにはタイマーが用意されています（図A）。タイマーは、旗をクリックした瞬間から作動しています。
- 「タイマー」の丸いブロックの左の□にチェックを入れると、画面上にタイマーが表示されます。
- 「タイマーをリセット」のブロックをクリックすると、タイマーがリセットされます。
- タイマーの値を取り出すときは、「タイマー」の丸いブロックを使います。

カウントダウンをしたいとき
　タイマーの値は0から増えていく一方なので、カウントダウンを表示させるときには、タイマーの値を使って残り時間を計算し、その値を別途用意した変数に入れるようにします（図B）。

3.4 順番を記憶するネコ（リストの仕組み）

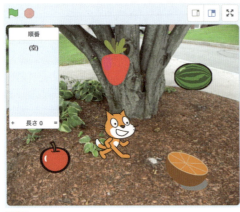

図23

　記憶するネコを作りながらリスト（配列）の仕組みについて理解しましょう。さっそくサンプル（sample3_4.sb3）を開いてください。

　旗をクリックしてプログラムを始めます。
　フルーツを好きな順にクリックしていくと、クリックした順にフルーツが消え、その順番が記憶されます（図23）。
　フルーツが全部消えたあとで「スペースキー」を押すと、クリックされた順にフルーツが表示されていきます。

プログラミングのポイント

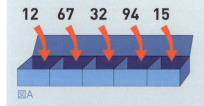
図A

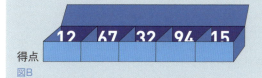
図B

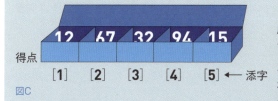
図C

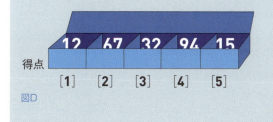
図D

リスト（配列）

リスト（配列）とは、左の図のようにいくつものデータを記録することのできる仕組みです（図A）。Scratchでは「リスト」といいますが、一般的には「配列」と呼ばれることが多いです。本書では「リスト（配列）」もしくは「リスト」と表記することにします。

変数と同じように、リスト（配列）には、名前をつけます。ここでは「得点」という名前をつけています（図B）。

リスト（配列）では、左の図のように先頭の部屋から順番に1、2……というように番号がついています※（図C）。この番号のことを「添字（そえじ）」といいます。配列の部屋に入っているそれぞれのデータ（左の図では12、67、32……）を「要素」といいます。添字のことを「要素番号」ということもあります。

※ 多くのプログラミング言語では添字は0から始まりますが、Scratchでは1から始まります。

図Dの場合、得点［3］には32が入っています。添字は3、要素は32です。得点［4］には94が入っています。添字は4、要素は94です。

変数には一つの値しか記憶できません。そのため、複数の値をまとめて記憶させたいときにはリスト（配列）を使用します。

Scratchの操作

図A

リスト（配列）の作り方

リストを作るときは、「変数」グループから「リストを作る」をクリックします（図A）。

第3章 変数と配列の使い方をマスターしよう

図B

変数と同様に、「すべてのスプライト用」か「このスプライトのみ」かを選択できます（図B）。

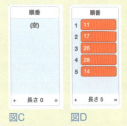
図C　図D

これがリストです。最初は要素がないので、（空）と書いてあります（図C）。リストの一番下の「長さ」には要素の数が表示されます。最初は「0」です。

図Dはリストにデータが入っている状態です。要素が五つあるので、下の「長さ」には5と表示されています。それぞれのデータの左側の1〜5までの数が「添字」です。

変数と同様に、リスト「順番」の横のチェックを外すと、リストは非表示になります。

やってみよう

では、スクリプトを作りましょう。

図24

手順1　ステージとスプライトを準備します。ステージの画像は背景ライブラリーから選択してください。スプライトもライブラリーから選択します。
フルーツのスプライトは名前を変えておきます（図24）。

手順2　表2のように変数（図25a）とリスト（図25b）を作成します。

表2

種類	名前	説明
変数	表示	フルーツを表示するときに、いま何番目のフルーツを表示しようとしているのかを入れておく。2のときは2番目
リスト	順番	フルーツの名前を順番に記録するための配列

図25a
図25b

Scratchの操作

リスト（配列）の使い方

リストには、次のブロックが用意されています。

「○」に数や文字を入力して使います。○の中のデータをリストの最後尾に追加します。

「○番目」で指定された要素を削除します。削除した要素より後の要素はすべて一つずつ前にずれます。

リストの要素を全て削除して、リストを空にします。

「○番目」で指定した要素に○のデータを挿入します。○番目以降にもともとあったデータは、すべて一つずつ後ろにずれます。

「○番目」で指定された要素を、○のデータで置き換えます。

リスト内のデータ（数や文字）を使うときは、この丸いブロックを使います。

「○」に数や文字を入力して使います。リストの何番目に○のデータがあるのかがこのブロックに入ります。

リストの中にいくつのデータがあるのかは、「□の長さ」のブロックに入っています。

リストを画面に表示するのか、非表示にするのかを切り替えることができます。

リストの左下の「+」で要素を追加することもできます。

要素の箱の中に、直接書き込むこともできます。

要素の右側の「×」をクリックして要素を削除することもできます。

図26a

手順3 ネコのスプライトにスクリプトを記述していきます（図26a）。

旗がクリックされたときに、ネコを最初の位置に動かしてから、リスト「順番」の要素をすべて削除して初期化します。

続いて、変数「表示」を初期値の1にセットします。

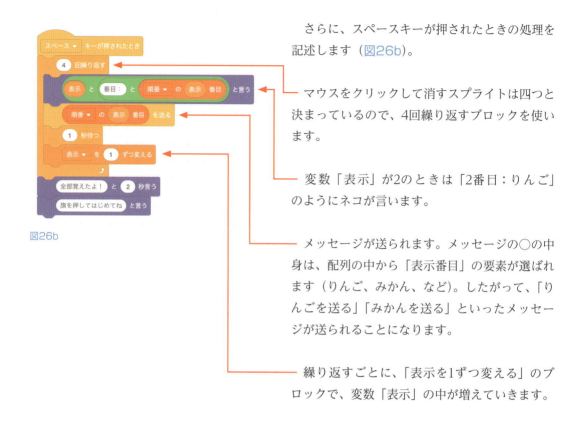

さらに、スペースキーが押されたときの処理を記述します（図26b）。

マウスをクリックして消すスプライトは四つと決まっているので、4回繰り返すブロックを使います。

変数「表示」が2のときは「2番目：りんご」のようにネコが言います。

メッセージが送られます。メッセージの○の中身は、配列の中から「表示番目」の要素が選ばれます（りんご、みかん、など）。したがって、「りんごを送る」「みかんを送る」といったメッセージが送られることになります。

繰り返すごとに、「表示を1ずつ変える」のブロックで、変数「表示」の中が増えていきます。

図26b

リストに記憶された四つのスプライト名が、1番目から順番に、メッセージとして送られる仕組みです。

手順4 フルーツ（すいか）のスクリプトを作ります（図27a）。

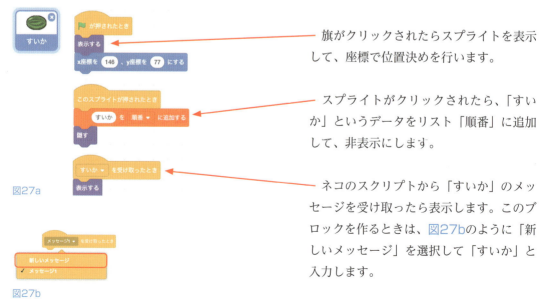

旗がクリックされたらスプライトを表示して、座標で位置決めを行います。

スプライトがクリックされたら、「すいか」というデータをリスト「順番」に追加して、非表示にします。

ネコのスクリプトから「すいか」のメッセージを受け取ったら表示します。このブロックを作るときは、図27bのように「新しいメッセージ」を選択して「すいか」と入力します。

図27a

図27b

70

「すいか」のスプライトに作ったスクリプト（三つ）を、他のフルーツにコピーします（図27c）。コピーしたスプライトは、それぞれのフルーツに合わせて修正します。

修正するのは、「旗が押されたとき」に表示をする座標と、リストに追加するデータと、メッセージを受け取ったときのブロックです。

※ すいかではなく、それぞれのスプライトの名前にします。

図27c

チャレンジ

3.4.c1 できあがったプログラムは、フルーツがすべて選ばれる前にスペースキーを押してしまうとおかしな結果になってしまいます。フルーツをすべて消してしまう前にスペースキーが押された場合には「全部選んでからスペースキーを押してね！」とネコが言うようにプログラムを修正してください。

ヒント1：

図A

リストにいくつのデータが入っているのかという情報は、「順番の長さ」にはいっています（図A）。リストに四つのデータがある場合と無い場合で処理を分けるとよいですね。「もし〜ならば、そうでなければ」のブロックを使います

ヒント2：
ヒント1の方法以外にも変数を使う方法もあります。変数「いくつめ」を作って、ゲームが始まったときは0にしておきます。フルーツが選ばれるたびに1ずつ増やしていきます。リストに四つのデータがある場合とない場合で処理を分けます。

プログラミングのポイント

エラー処理

ユーザーは、プログラマー（あなたのことです）が意図した通りに操作をしてくれるとは限りません。おかしなタイミングでボタンを押したり、入力してはいけない数を入力したりすることがあります。プログラマーは、あらゆる場合を想定して、ユーザーがおかしな操作や入力をしたときの処理も用意しておく必要があります。上記のチャレンジ3.4.c1は、そのようなエラー処理の一つです。

ユーザーがおかしな操作や入力をしたときは、それがおかしいということを知らせるだけでなく、正しい操作や入力がどういうものかを教えてあげる必要もあります。

Scratchの操作

計算式の作り方　その2

「計算式の作り方　その1」でも確認しましたが、計算をするときには次のブロックを使います。

上から、足す、引く、掛ける、割る、です。
この中に、数や変数を入れることで計算をします。

スクリプトエリアでこのようにブロックを作り、クリックをすると計算の結果を見ることができます。確かめてみましょう。

ブロックを重ねて複雑な式を作ることもできます（いくつでも重ねられます）。

【重要】この二つは、ブロックの重なり方が違うので別の答えになります。
　上は（10-3)×2ですので答えは14、下は10-(3×2)ですので答えは4です。

割り切れないわり算は、小数で答えがでます。

整数で答えを出したいときは、左の図のように「○の切り下げ▼」のブロックで小数点以下を切り捨てます。「○の絶対値▼」のブロックの▼をクリックして「切り下げ」を選びます。「四捨五入」や「切り上げ」なども選べます。

作った式は下の図のようにさまざまなブロックに入れて使うことができます。

MEMO

第4章 構造化プログラミングを学ぼう

[こ | の | 章 | で | 学 | ぶ | こ | と]

本章では、前の章までに少しだけ出てきた「条件分岐」や「繰り返し」を使ったさまざまなプログラムの作り方を学びます。これらを使うことで、より高度なプログラムが作れるようになります。「条件分岐」や「繰り返し」を使ったプログラミングのことを「構造化プログラミング」といいます。

この章で学ぶScratchの操作　コスチューム番号について、複雑なブロックの組み方

この章で学ぶプログラミングのポイント　アルゴリズム、条件分岐、繰り返し、入れ子構造（ネスト）、比較演算、データの初期化、判断・判定のための変数、整数と小数の計算

4.1　数あてゲームを作ろう（条件分岐）

ここでは、数あてゲームを作りながら、条件によって処理を振り分ける方法を学びます。

サンプルのファイル（sample4_1.sb3）を開き、動作を確認してください。

旗をクリックします。

司会のネコが1～100までのいずれかの数をかくしています。その数をあてるゲームです（図1）。

予想を入力します（半角で）。入力した数がかくしている数よりも小さければ「もっと大きな数だよ」とネコが言います。大きければ「もっと小さな数だよ」とネコが言います。

何度も入力できます。何回であてられるかな？

図1

やってみよう

では、プログラムを作りましょう。「ファイル」→「新規作成」を選びます。

図2

手順1　まず、正解を入れておくための変数「正解」を作ります（図2）。

図3

手順2 ネコにプログラムを追加します（図3）。ここでは、ネコのスプライトの名前を「司会」にしています。読者の好きな名前にするとよいでしょう。

旗をクリックすると、1～100までのいずれかの数字がランダムに作られ、変数「正解」に入ります。何度か旗をクリックして、動作を確かめてみましょう。ステージに表示された変数「正解」の値が毎回変わるでしょうか。

プログラミングのポイント

少しずつ動作確認

　プログラムの作成中は区切りのよいところでこまめに動作確認をしましょう。プログラムが複雑になるまで動作確認をせずにいた場合、なにかがうまく動作しなかったときに、どこがおかしいのかを見つけにくくなります。このあとのプログラミングでは、特に指示がない場合でも、自分で少しずつ動作確認をしましょう。

図4

手順3 正解がステージに見えていてはゲームの意味がないので、変数「正解」のチェックを外してステージから消します（図4）。

　変数名の横のチェックをはずすと、変数がステージに表示されなくなりますが、変数がなくなったわけではなく、表示されなくなっただけです。

　さて、ここでいまから作るプログラムの手順について考えましょう。

プログラミングのポイント

アルゴリズム

　プログラムを作る前に手順をしっかりと考え、見通しをもってからプログラムを作り始めることが大切です。プログラムの処理の手順のことを「アルゴリズム」といいます。
　プログラミングに慣れてくると、簡単な処理なら頭の中でアルゴリズムが作れるようになります。しかし、複雑な処理を考えるときや初心者のうちは、ノートなどに書き出して考えるべきです。
　面倒かもしれませんが、次の「数あてゲームのアルゴリズム」をノートか紙に書き写してみるとよいでしょう。そのとき、字下げにも気をつけて書きましょう。

数あてゲームのアルゴリズム
① 推測した答えを入力してもらう
② 答えが正解だった場合
　　→「正解、やったね！その数は◯だったよ」と司会が言って、プログラムが終わる
③ 答えが正解でなかった場合
　　③-1　正解が答えよりも大きかった場合　→「もっと大きな数だよ」と言って①に戻る
　　③-2　正解が答えよりも小さかった場合　→「もっと小さな数だよ」と言って①に戻る

このアルゴリズムを図に表すと次のようになります（図5）。

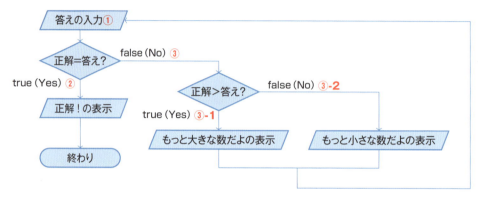

図5

この図はフローチャートといいます。「平行四辺形」はデータの入出力（画面に表示したり、ユーザーに入力してもらうこと）を表します。「ひし型」は条件分岐（もし～だったら、そうでなければ）を表します。

図6a

図6b

手順4　考えたアルゴリズムに沿ってプログラムを実際に作ります。まずは答えの入力から（図6a）。上のアルゴリズムでは①にあたります（図6b）。

プログラミングのポイント

実装
　図やメモで書きだして考えたアルゴリズムを実際にプログラムとして作ることを「実装」するといいます。

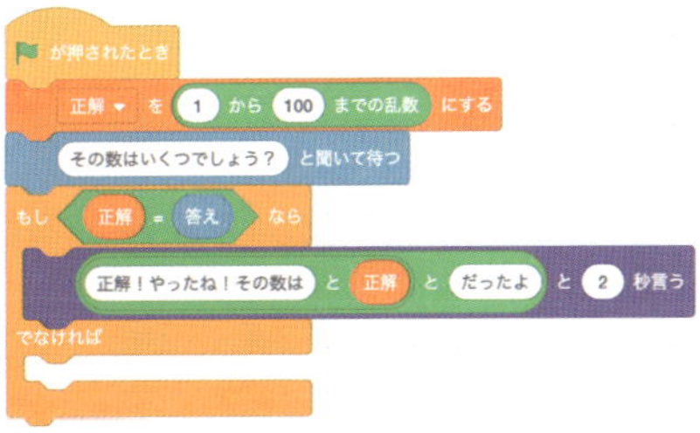

手順5 図のようにスクリプトを追加します（図7a）。上のアルゴリズムの②の部分です（図7b）。

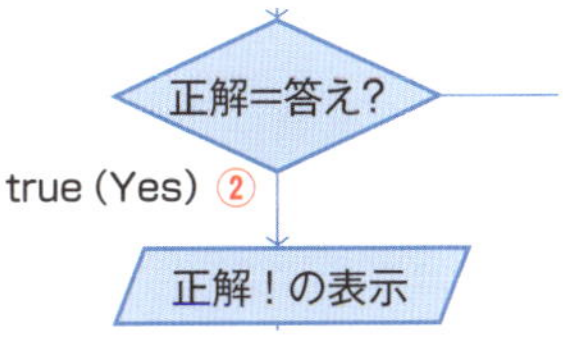

図7a

図7b

プログラミングのポイント

条件分岐

第3章でも使ったブロックですが、「もし～なら」のように、条件によって処理を変えることを「条件分岐」といいます（図A）。

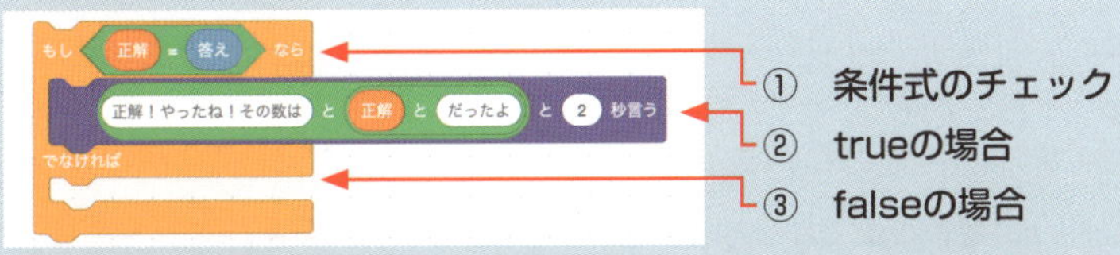

- ① 条件式のチェック
- ② trueの場合
- ③ falseの場合

図A

① 条件式のチェック

条件分岐では、まず条件式がチェックされます。条件式は六角形のブロックで作ります。この例では、「正解＝答え」かどうかがチェックされます。

② trueの場合

条件式が正しかったときは、ここが実行されます。この例では、「正解＝答え」だったときに実行されます（trueは、正しいという意味です）。

③ falseの場合

条件式が正しくなかったときは、ここが実行されます。この例では、「正解＝答え」ではなかったときに実行されます（falseは、正しくないという意味です）。

②と③が両方とも実行されることはありません。

条件式

条件分岐のブロックでは、まず条件式がチェックされます。条件式が正しければ、条件式は「true」、そうでなければ「false」という値をとります。

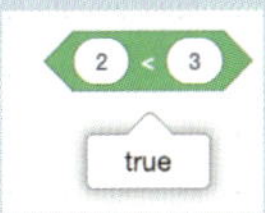

図B

図Bのようなブロックをスクリプトエリアのどこか空いているところに作ってみましょう。2＜3は正しいので、ブロックをクリックすると「true」と表示されます

図C

今度は、図Cのように数を変えてみましょう。4＜3は正しくないので、ブロックをクリックすると「false」と表示されます。

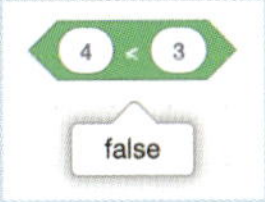

「もし～なら」のブロックは、条件式がtrueとfalseのどちらの値になるのかをチェックして処理の流れを変えます。

手順6　ここで一度動作を確かめましょう。いったん変数「正解」を表示してから、旗をクリックします。

図8a

　　変数「正解」にチェックを入れて（図8a）、変数を表示させてから旗をクリックします。

図8b

　　表示された変数「正解」を見ながら正解を答えてみましょう。正しく正解のせりふが表示されますか（図8b）。
　　動作が確認できたら、変数「正解」のチェックを外して変数「正解」を非表示にしましょう。

図9a

手順7　スクリプトエリアの空いているところに図のスクリプトを作ります（図9a）。前に示したアルゴリズムの③-1の部分です。

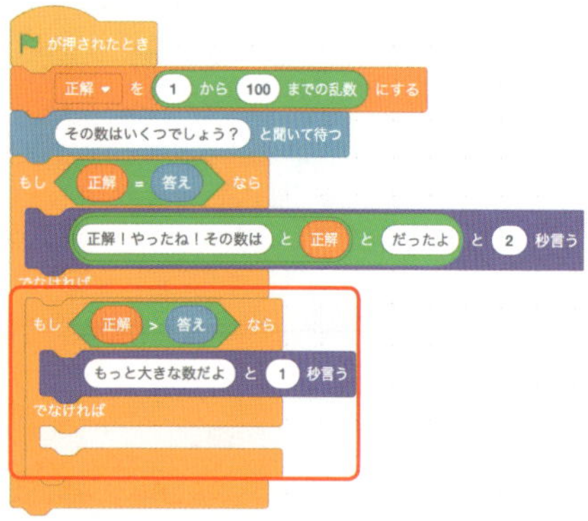

　　できあがったスクリプトを、先ほど作ったスクリプトの「でなければ」のところに入れます（図9b）。「でなければ」は正解ではなかった場合でしたね。

図9b

　さて、残るはアルゴリズム③-2です。

③-2　正解が答えよりも小さかった場合→「もっと小さな数だよ」と言って①に戻る

図10

　　これを実装するのに図のようなブロックが必要だと思うかもしれません（図10）。しかし、実は必要ないのです。

説明の前に、先にプログラムを作ってしまいましょう。

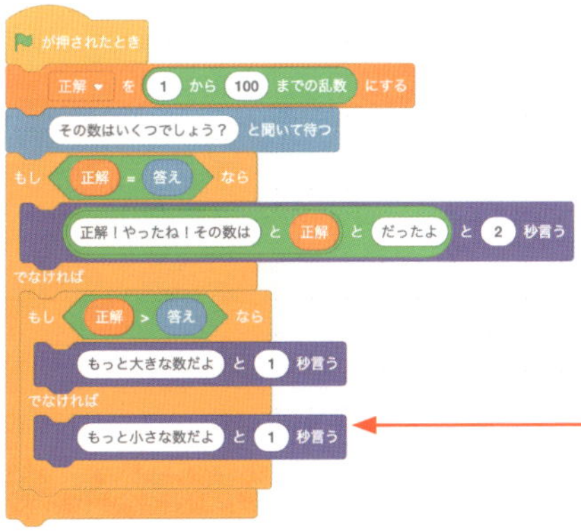

手順8 この図のようにプログラムを追加します（図11）。

二つめの「でなければ」のところに「もっと小さな数だよと1秒言う」のブロックを追加するだけです。

図11

プログラミングのポイント

効率のよいアルゴリズム

二つめの「でなければ」にはなぜ、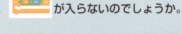が入らないのでしょうか。

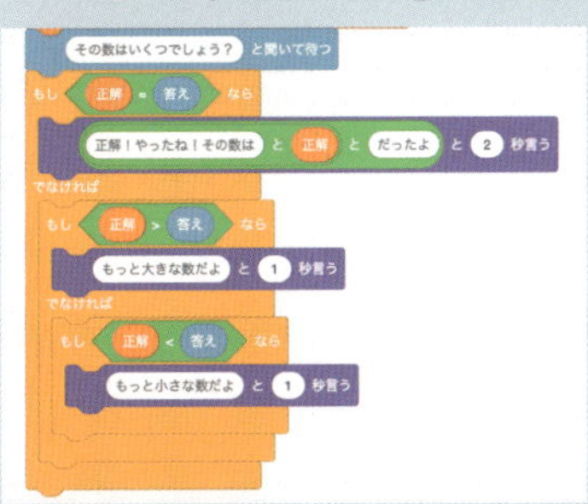

もちろん、図Aのようにしても間違いではありません（本文中で示した図11のプログラムと比べてみてください）。

図A

けれども、「正解＝答え」ではなく、しかも「正解＞答え」でもない場合は、「正解＜答え」しか可能性が残されていません。したがって、のブロックは無駄だということになります。

という無駄なブロックでも、その条件が正しいかどうか、コンピューターは必ずチェックします。ほんのわずかですがこのチェックに時間がかかります。それならば、このブロックがないほうがプログラムの処理は速くなります。

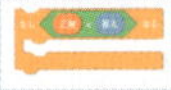

このように、同じ結果になるプログラムは何通りもあります。その中で、いちばん早く処理ができるプログラムを考えることが大切です。早く処理ができることを「効率のよいアルゴリズム」といいます。効率のよいアルゴリズムで書かれたプログラムが「よいプログラム」だといえるでしょう。

Scratchでプログラムを作るときは、もっと少ないブロックで同じことができないかどうかを常に考えるようにしましょう。

プログラミングのポイント

入れ子構造（ネスト）

サンプルのプログラムでは「もし～なら」のブロックの中に、別の「もし～なら」というブロックが入っています。このように、制御のブロックの中に別の制御のブロックが入っていることを「入れ子」といいます。「ネスト」ということもあります。

入れ子（ネスト）の例：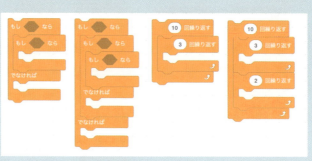

入れ子を使うことで、条件分岐を複雑にしたり、繰り返しの繰り返しといった処理をしたりできます。

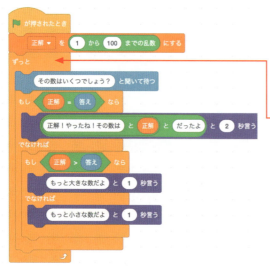

図12

手順9 このままでは一回だけしか答えられないので、次のように「ずっと」のブロックを追加して、正解するまで何度でも答えられるようにします（図12）。

「その数はいくつでしょう？と聞いて待つ」のブロックから最後のブロックまでのかたまりを一度「正解を1から100までの乱数にする」のブロックからはずし、「ずっと」のブロックで囲みます。

図13

手順10 旗をクリックして動作を確かめてみてください（図13）。

このプログラムは正解しても止まりません。「止める」ボタン●をクリックしてプログラムを止めます。

考えてみよう

このままでは正解してもプログラムは止まりません。正解したらプログラムが止まるようにするにはどうすればよいでしょうか？

図A

図Aのブロックを使いますが、どこに追加すればよいでしょうか。次に進む前に自分で一度考えてみましょう。76ページの図5で考えたアルゴリズムの②を見なおしてみましょう。

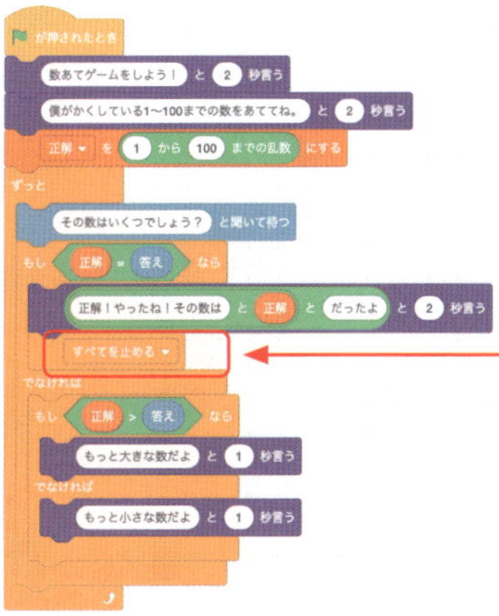

手順11 図のようにプログラムを追加します（図14）。これで完成です！

あとは、背景を変えたり、BGMを入れたりするだけです。正解のときに正解音を鳴らしたり、プログラムの最初にいきなり「その数はいくつでしょう？」とネコに言わせる前に、ゲームの説明を司会のネコに言わせてもいいですね（「数あてゲームをしよう！」など）。

図14

チャレンジ

4.1.c1 出題する前に、司会のネコに「いくつまでの数にしますか？」とユーザーにたずねさせ、1からユーザーの入力した数までの数で正解を作ってみよう（たとえば、ユーザーが1000と入れたら、1〜1000までの数あてにする）。「僕がかくしている1〜100までの数をあててね」というセリフを「僕がかくしている数をあててね」に変えるのを忘れないようにしましょう。

4.1.c2 4.1.c1に加えて、答えがあたったときに何回の回答で答えがあたったのかをネコに言わせてみよう。チャレンジ4.1.c1のファイルにプログラムを追加しよう。

4.1.c3 4.1.c2のプログラムを修正して、回数制限の機能を加えてみよう。10回で答えられなければゲームオーバー。ゲームを始めるときに「10回で答えてね」と司会のネコに言わせるのを忘れないように！

4.1.c4 4.1.c3のプログラムを修正して、最初にユーザーに制限する回数をたずねよう。

ステップアップ

4.1.s1 さらに、いろいろな機能をゲームに追加してみよう。

アイデアの例：ハイスコアを記録する。モードをわける（入門モード、チャレンジモードなど、モードによって正解の乱数の範囲が変わったり答えられる制限回数が変わる）、など。

プログラミングのポイント

比較演算と論理演算

条件式のところで説明したように、数の大小や文字の順序を比べることを「比較演算」といいます。Scratchだけでなく、どのプログラミング言語にもこのような仕組みがあります。

比較演算

図A

Scratchでは図の3種類の比較演算があります（図A）。

○に入った数が、大きいか、小さいか、同じかをチェックする演算です。○の中が文字の場合は、アルファベット順で先か後かがチェックされます。

図B

たとえば図Bは「得点は3よりも大きいか？」という比較演算です（注意：「<」「>」の記号は、3を含みません）。得点が4以上であれば、このブロックは「true」つまり「正しい」という値をもちます。

論理演算

図C

上記で説明した比較演算に図の3種類のブロックを組み合わせると、より複雑な「条件式」を作ることができます（図C）。これを論理演算といいます。

「かつ」のブロックは、右と左に入った比較演算が両方ともtrueだった場合のみ、trueの値を持ちます

図D

たとえば、図Dのような条件式の場合、変数「得点」が4以上で、しかも20以下であれば、つまり4〜20の間の数であれば条件式はtrueになります。

「または」のブロックは、左右に入った比較演算のどちらか片方でもtrueであれば、trueの値をもちます

図E

たとえば、図Eのような条件式の場合、変数「得点」が4以下、もしくは11以上であれば条件式はtrueになります。

「ではない」のブロックは、中に入った比較演算がtrueのときにはfalseに、falseのときはtrueになります。

図F

たとえば、図Fのような条件式の場合、変数「得点」の中身が3ではなかったとき（たとえば2だったとき）にtrueになります。

より理解を深めたい人のために、章末に条件式についての練習問題と解答を載せています。

> プログラミングのポイント

ほかのプログラミング言語の比較演算・論理演算

※ すすんだ解説です。興味がなければ読み飛ばしても構いません。

Scratch以外のプログラミング言語にも「比較演算」はあります。たとえば、Javaという言語では、Scratchのようにブロックを組み合わせるのではなく、自分で書いて比較演算を作ります。

Javaでは、「同じかどうか」という式は「==」と書きます。変数「得点」が3かどうかという条件式はScratchでは （得点 = 3） のようになりますが、Javaでは

```
tokuten == 3
```

と書きます。　※ Javaは変数名にひらがなや漢字が使えないので、アルファベットになります。

「かつ」のブロックは Javaでは「&&」と書きます。たとえば、前の例で出てきた得点が4〜20のあいだかどうかを確かめる条件式は、次のように書きます（Scratchのブロックと見比べてください）。

```
3 < tokuten && tokuten < 21
```

大変よく似ているのがおわかりいただけたでしょうか。Scratchで条件式の作りかたをマスターすると、別のプログラミング言語を学ぶときにもきっと役に立つでしょう。

4.2　スロットマシーンを作ろう（条件分岐）

ここではスロットマシーンを作りながら、より複雑な条件分岐について学びましょう。

図15

サンプルのファイル（sample 4_2.sb 3）を開いて動作を確認しましょう（図15）。

入力が半角モードになっているようにします。旗をクリックすると得点が0点に戻り、説明が始まります。

スペースキーを押すとスロットが始まります。キーボードのv、b、nのキーでスロットを止めます。二つそろえば2点、三つそろえば5点が得点に追加されます。

次に始めるときはまたスペースキーを押します。

やってみよう

では、スロットマシーンのプログラムを作りましょう。

図16

手順1 得点を入れておく変数を用意します。変数名は「得点」とします（図16）。

> **プログラミングのポイント**
>
> **必要な変数の見通しをもつ**
> プログラムを作り始める前に、どのような変数が必要になるのか見通しをもっておきましょう。その変数の値がどの範囲のどんな値をとりうるのかも考えてメモをしておきます。
>
> このプログラムの場合、得点を記録するための変数が必要になります。変数「得点」の値がとりうるのは0以上の整数です。

図17

手順2 新しいスプライトを追加します（図17）。

図18

手順3 Appleを選択します（図18）。

図19

手順4 追加されたスプライトの名前を「スロット1」に変更します。

※ スロット1の「1」は必ず半角にしましょう。あとでこのスプライトを複製するときに重要になります。

手順5 追加されたスプライトにコスチュームを追加します※（図20a）。

※ スプライトの追加ではなく、コスチュームの追加なのでボタンの位置に注意します。

「食べ物」のグループからBananasのコスチュームを追加します（図20b、図20c）。

図20a　図20b　図20c

手順6 同様にして、次のようにコスチュームを追加していきます（図21）。実際の画面ではコスチュームは縦に並びますが、誌面の都合上、横に並べています。

図21

Scratchの操作

図A

コスチューム番号

それぞれのコスチュームの左上を見てください。appleは「1」（図A）、Bananasは「2」、Glow-7は「3」というように番号が書いてあります。

このように、コスチュームは、コスチュームの名前だけでなく番号がふられています。この番号をプログラムで使うことができます。スロットマシーンのプログラムではこの番号を使います。

図22

手順7 スロット1のコスチュームに、次のスクリプトを追加します（図22）。

スペースキーが押されるとこのスクリプトが実行されます。

このスクリプトは、キーボードのvキーが押されるまで、0.08秒ごとにコスチュームを次のコスチュームに切り替えます。

手順8 動作を確かめます。スペースキーを押し、適当なところでvキーを押してください。

※ vキーを押してもとまらない場合は、半角英数になっているかどうかをチェックしてください。

手順9 スプライト「スロット1」を複製して、「スロット2」、「スロット3」を作ります。

図23

「スロット1」の上で「右クリック」→「複製」を選びます（図23）。

図24

このように、二つ複製します（図24）。

スプライトの名前「スロット1」の「1」を半角にしていれば、複製をしたときに自動的に名前が「スロット2」「スロット3」になります。

図25

ステージの上のスプライトを横一列に並べておきましょう（図25）。並べたら、それぞれをダブルクリックしながら、右下のスプライトリストを確認し、左から、スロット1、スロット2、スロット3の順にきちんとなっているかどうかを確かめましょう。

> **Scratchの操作** 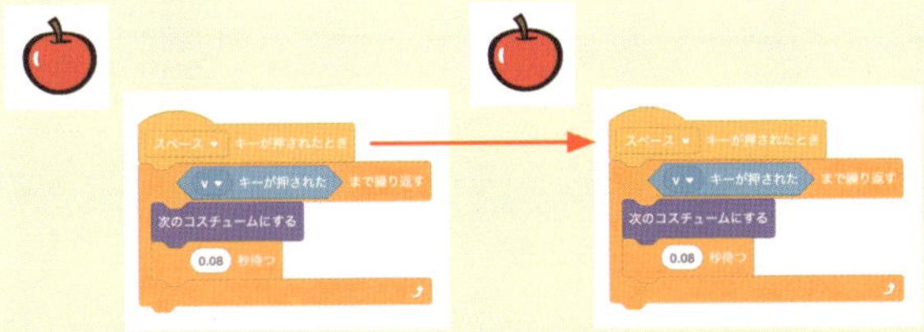
>
> **スプライトのコピー**
>
> 第1章でも行ったように、スプライトをコピーすると、スクリプトも一緒にコピーされます。スロット2、スロット3にもスロット1と同じスクリプトがあるはずです。確かめてください。

手順10 このままでは、vキーを押したときに三つともスロットが止まってしまうので、スロット2とスロット3のスクリプトを次のように変更します（図26a、図26b）。

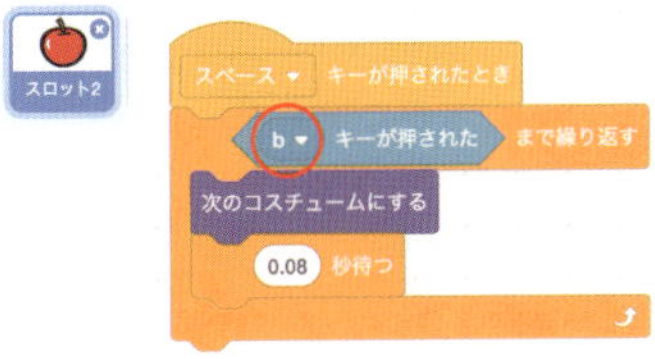

図26a

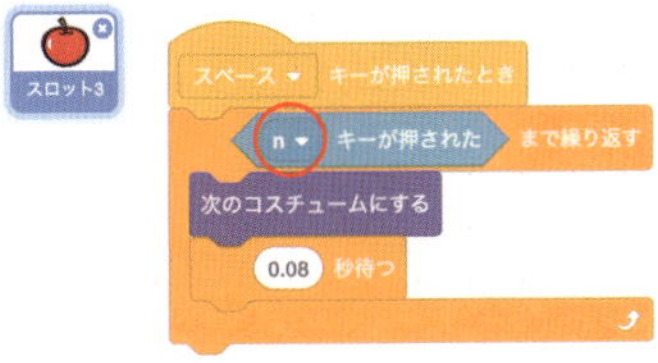

図26b

手順11 動きを確かめましょう。スペースキーを押し、v、b、nのキーを押してそれぞれのスロットを止めます。

それぞれのスロットマシーンの回る速さをバラバラにするために、それぞれのスクリプトで、次のコスチュームにするまでの待ち時間を変えます。この例ではスロット2を0.03にしています（図27）。

図27

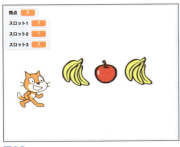

ここまでで、スロットを回して止めるというプログラムができたので、ここからは点数計算のプログラムを作ります（図28）。点数計算のプログラムの基本的な考え方は次の通りです。
・三つのスプライトのコスチューム番号を比べることで、絵がそろっているかどうかを判定する。
・コスチューム番号を比べるために、コスチューム番号を入れておく変数を用意する。

図28

スロットが止まると、それぞれの変数にコスチューム番号が入ります。変数の中身を比べて、数値が同じであれば絵がそろっていると判断します。

図の例では、変数「スロット1」と変数「スロット3」の数値が同じ（コスチューム番号である2）になっています。

以上を受けて、必要な変数の見通しは表1の通りになります。

表1

種類	名前	説明
変数	得点	得点を格納（作成済み）
変数	スロット1	スロットが止まるごとにスロット1のコスチューム番号を格納
変数	スロット2	スロットが止まるごとにスロット2のコスチューム番号を格納
変数	スロット3	スロットが止まるごとにスロット3のコスチューム番号を格納

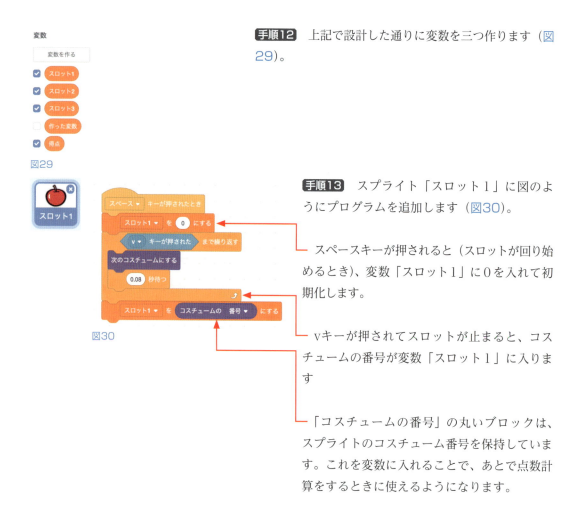

図29

図30

手順12 上記で設計した通りに変数を三つ作ります（図29）。

手順13 スプライト「スロット1」に図のようにプログラムを追加します（図30）。

　スペースキーが押されると（スロットが回り始めるとき）、変数「スロット1」に0を入れて初期化します。

　vキーが押されてスロットが止まると、コスチュームの番号が変数「スロット1」に入ります

　「コスチュームの番号」の丸いブロックは、スプライトのコスチューム番号を保持しています。これを変数に入れることで、あとで点数計算をするときに使えるようになります。

手順14 同様に、スプライト「スロット2」、「スロット3」にプログラムを追加します（図31a、図31b）。

図31a　　　　　　　　図31b

手順15 ここで一度、動作を確かめてください。スロットを実行するごとに、変数「スロット1」、変数「スロット2」、変数「スロット3」に、それぞれのコスチューム番号が入りますか。何回か繰り返してみましょう。

では、得点の計算のアルゴリズムを作ります。変数「スロット1」「スロット2」「スロット3」の中身を比べて、二つが一致していたら2点、三つが一致していたら5点を追加します。

条件によって処理を変えるので、ブロックは「もし〜なら、でなければ」というブロックを使う予定です（図32）。

いきなりブロックを組んでいくには処理が複雑なので、やはりここでもアルゴリズムを先にしっかりと考えます。

図32

考えてみよう

以下にアルゴリズムを2通り記しています。どちらかが正しくて、もう一方は誤りです。どちらが正しいと思いますか。正解を見る前にちょっと考えてみてください。

◆　アルゴリズムその1（次ページの図A）
　① スロット1とスロット2とスロット3は同じかどうか　→　同じだったら5点
　② そうではない場合、スロット1とスロット2は同じかどうか　→　同じだったら2点
　③ そうではない場合、スロット2とスロット3は同じかどうか　→　同じだったら2点
　④ そうではない場合、スロット3とスロット1は同じかどうか　→　同じだったら2点

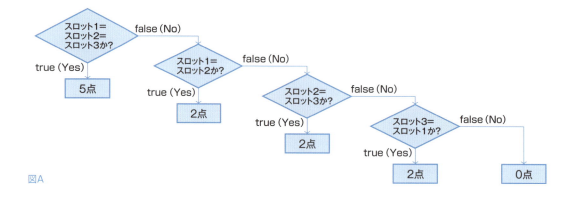

図A

- ◆ アルゴリズムその２（図B）
  ① スロット１とスロット２は同じかどうか　　　　　　　→　同じだったら２点
  ② そうではない場合、スロット２とスロット３は同じかどうか　→　同じだったら２点
  ③ そうではない場合、スロット３とスロット１は同じかどうか　→　同じだったら２点
  ④ そうではない場合、スロット１とスロット２とスロット３は同じかどうか
  　　　　　　　　　　　　　　　　　　　　　　　　　　　→　同じだったら５点

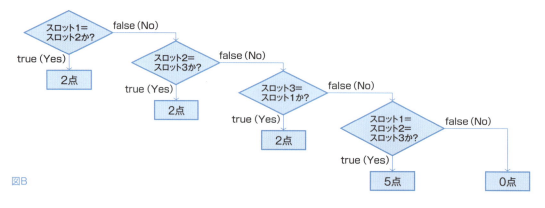

図B

　スロット１とスロット２とスロット３のすべてが同じではない場合、二つのスロットが同じだった場合（スロット１＝スロット２、スロット２＝スロット３、スロット１＝スロット３）、三つのスロットがすべて同じだった場合の５通りすべてについて、アルゴリズムその１とアルゴリズムその２がそれぞれどのような動きをするのか点検してみましょう。

◆　正解

　正しいのはアルゴリズムその１です。では、アルゴリズムその２のどこが問題なのでしょうか？
　三つのスロットがすべて同じだった場合を考えてみてください。アルゴリズムその１の場合は、①が実行されます。このとき、②〜④は実行されません。これは望ましい動作です。
　一方、アルゴリズムその２の場合も①が実行されてしまい、②〜④は実行されません。なぜなら、三つのスロットが同じということはスロット１とスロット２が同じということですから、まず①が

実行されるのです。そして、②〜④は①が実行されなかった場合の命令ですからまったく実行されません。とすると、本当は５点を追加しなければいけないところが２点しか追加されなくなります。

このように、同じ命令でも順序を変えるとプログラムはまったく違う動作をします。作ったアルゴリズムがすべての場合について正しく動作するのかどうかをチェックすることが大切です。

プログラミングのポイント

アルゴリズムのチェック

命令の順番が一つ変わるだけで結果が変わります。どの命令をさきに実行するとよいのか、アルゴリズムをよく考えましょう。必要であれば図（フローチャート）に書き出します。特に、条件分岐をするプログラムや、条件によって繰り返しの回数を変えたりするプログラムを書くときは、どのような処理の流れになるのか、あらゆる場合を想定してチェックして本当にそのアルゴリズムでよいのかを念入りに確認します。

では、プログラムを作りましょう。上で考えたアルゴリズムをそのままブロックにあてはめていきます。

手順16 得点計算は特定のスプライトに関係する処理ではないので、ステージにプログラムを作ります（図33）。

※ ちょっと複雑なスクリプトなので、うまくブロックが組めない場合は次ページの Scratchの操作 「複雑なブロックの組み方」を参考にしてください。

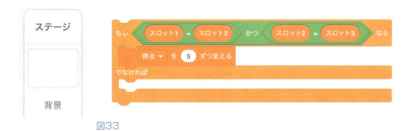

図33

「スロット１」＝「スロット２」＝「スロット３」のように三つの値が同じかどうかという条件式を作るブロックはないので、論理演算「かつ」のブロックを使います。

Scratchの操作

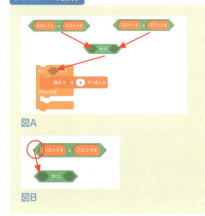

図A

図B

複雑なブロックの組み方

いくつものブロックを複雑に組み合わせるときは、次の例のように内側からブロックを作っていくと簡単にスクリプトが作れます（図A）。

① 先に一番内側のブロックを作る
② つぎに「かつ」のブロックにはめる
③ 最後に「もし〜なら」のブロックにはめる

ブロックをはめるときはブロックの左端をはめます（図B）。

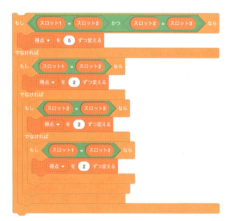

図34

手順17 **手順16**で作ったプログラムに、次のようにブロックを追加します（図34）。

複雑なのでよく見て間違えないようにします。

考えてみよう

図A

図B

このままでは点数計算のプログラムは実行されません。三つめのスロットが止まったときに、点数計算のプログラムを実行するにはどうすればよいでしょうか。

ヒント：スロット3が止まったときに、スロット3からステージの点数計算のプログラムを呼びます（図A）。

メッセージのブロックを使います（図B）。

図35a

手順18 図のように、メッセージのブロックを追加します（図35a）。

「スロット3」のプログラムの一番下に、「点数計算を送る」というブロックを追加します。

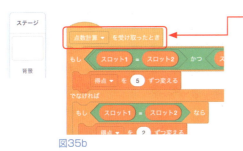

図35b

「ステージ」の点数計算のプログラムの一番上に、「点数計算を受け取ったとき」というブロックを追加します（図35b）。

これで、「スロット3」が止まったときに点数計算をするプログラムが完成しました。

手順19 動作を確かめてください。ただし、スロットを止める順番は「スロット3」を必ず最後に止めなければいけません。「スロット3」を他のスロットより先に止めてしまうと途中で得点計算が始まってしまいます。

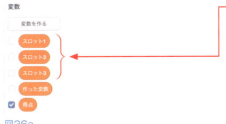

図36a

手順20 仕上げに、変数「スロット1」「スロット2」「スロット3」のチェックをはずして非表示にします（図36a）。

図36b

これで一応完成です。ゲームの最初に司会に説明を言わせたい場合は、図のようなスクリプトを司会のネコに追加します（図36b）。

さて、ここまでで作ったスロットマシーンのプログラムは「スロット3」が止まると得点が計算されます。しかしながら、好きな順番でスロットを止めることができません。どの順番で止めてもよいようにプログラムを改造しましょう。

考えてみよう

どの順番でスロットを止めても、最後のスロットが止まったときに得点計算が始まるようにするには、どうすればよいでしょうか。次の説明を見る前に少し考えてみましょう。

いずれかのスロットが止まったときにそれが最後のスロットかどうかを判定しなければなりません。そのためには、スロットが止まったときに何番目に止まったスロットなのかをプログラムが知っている必要があります。そこで、次の表2のように「いくつ目」という変数を用意してスロットが止まるたびに1ずつ増やしていきます。

表2

種類	名前	説明
変数	得点	得点を格納（作成済み）
変数	スロット1	スロットが止まるごとにスロット1のコスチューム番号を格納（作成済み）
変数	スロット2	スロットが止まるごとにスロット2のコスチューム番号を格納（作成済み）
変数	スロット3	スロットが止まるごとにスロット3のコスチューム番号を格納（作成済み）
変数	いくつ目	いくつ目のスロットが止まったかを格納。スロットの回転が始まるときは0。スロットが止まるごとに1ずつ増える。3になったら、得点計算をする

図37

手順21 変数「いくつ目」を作ります（図37）。

プログラミングのポイント

判断・判定のための変数

なんらかの条件（作成中のプログラムの場合は最後のスロットかどうか）を判断・判定するときには、条件が達成されているかどうかを判断するために必要な変数を用意します。

図38

手順22 ステージに図のスクリプトを追加します（図38）。

スペースキーが押されると（スロットが回転を始めるときに）、変数「いくつ目」を初期化します。

手順23 スプライト「スロット1」〜「スロット3」のそれぞれに、図のスクリプトを追加します。

― スロットが止まるごとに、変数「いくつ目」に1が追加されます

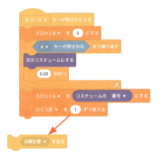

図39a

図39aは「スロット1」のスクリプトです。同じように、「いくつ目を1ずつ変える」のブロックを「スロット2」「スロット3」にも追加します。

「スロット3」については、「点数計算を送る」のブロックを外し忘れないようにしましょう（図39b）。

図39b

考えてみよう

さて、ここからどうすればよいでしょうか？

スロットが止まり、「いくつ目」の数が1増えたタイミングで、「いくつ目」の値を調べて、もしもそれが3になっていたら（つまり、止まったスロットが3番目であれば）得点計算を始めます。説明を読まずにスクリプトが作れそうであれば作ってみてください。

第4章 構造化プログラミングを学ぼう

95

手順24 三つのスロットすべてに、それぞれ、次のようにスクリプトを追加します。※

※ 三つのスプライトにそれぞれ別々に追加をするのはめんどうなので、下記の Scratchの操作 「別のスプライトへのスクリプトの複製」を読んでからやるとよいでしょう。

変数「いくつ目」が3になったら、メッセージ「点数計算」を送ります（図40）。

図40

「点数計算を送る」のメッセージは、ステージの「点数計算を受け取ったとき」のスクリプトで受け取られ、得点計算がはじまります。

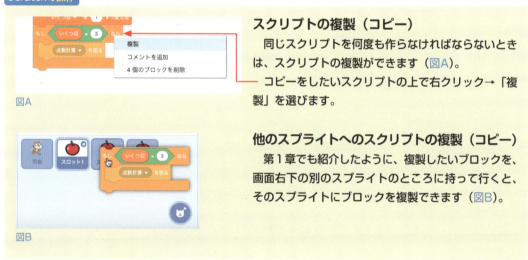

スクリプトの複製（コピー）
同じスクリプトを何度も作らなければならないときは、スクリプトの複製ができます（図A）。
コピーをしたいスクリプトの上で右クリック→「複製」を選びます。

図A

他のスプライトへのスクリプトの複製（コピー）
第1章でも紹介したように、複製したいブロックを、画面右下の別のスプライトのところに持って行くと、そのスプライトにブロックを複製できます（図B）。

図B

手順25 最後に、変数「スロット1」～「スロット3」、変数「いくつ目」を非表示にして完成です。

ステップアップ

4.2.s1　4つのスロット

これまでは、三つのスロットでスロットマシーンを作りました。これを改造して、スロットを四つにしてみよう。四つの絵が合えば10点、三つなら5点、二つなら2点とします。

4.3 落ち物ゲームを作ってみよう（繰り返し、条件分岐）

上からものが落ちてくるゲーム、いわゆる落ちゲーを作ってみましょう。

図41

サンプルのファイル（sample 4_3.sb 3）を開いて動かしてください（図41）。

上からボールが落ちてきます。ネコをキーボードの左右の矢印で動かして、黄色いボールにあたると得点が入り、ピンクのボールにあたると減点になります。

やってみよう

手順1　ネコのスプライトの名前を「ネコ」に変更し、大きさを55にして図のように配置します（図42a）。さらに、次のスクリプトを追加します（図42b）。

図42a

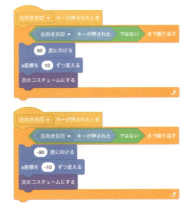

図42b

右向き矢印キーが押されたら、キーを押し続けている間は、90度に向けて右に移動するという動きを繰り返します。左向き矢印キーも同様です。

図42c

図42d

▶◀をクリックして、ネコの回転の方向を⟷にしておきます（図42c）。

キーボードの右矢印「→」、左矢印「←」を押して動作を確認しておきましょう。

図42bのスクリプトは図42dのようにしても構いませんが、上記のほうがスムーズに移動するのでおすすめです。

手順2 変数「得点」を追加します（図43）。

図43

手順3 ステージに、スクリプトを追加します（図44）。

図44

旗がクリックされると、得点を初期化します。そのあとで「ゲームスタート」というメッセージを送り、そのメッセージを受け取ったスクリプトが処理を開始します。

手順4 Ballのスプライトを追加します（図45）。

図45

手順5 Ballのスプライトをステージの上端まで持っていきます（図46）。

図46

考えてみよう

図A

Ballは上から下に向かって落ちます。そのため、「y座標を−10ずつ変える」というブロックを使います（図A）。

「y座標を−10ずつ変える」を繰り返すことでBallが下に移動していくはずです。ただし、Ballが画面の下まで落ちると、画面から消えるようにしなければいけません。また、Ballが途中でネコにあたったときも

画面から消えるようにします。

さて、Ballが画面の下まで落ちるか、もしくはBallがネコにあたったら画面から消えるようにするためにはどうすればよいでしょうか。

手順6 Ballのスプライトに次のようにスクリプトを追加します（図47）。このスクリプトは、単純に上から下にBallが落ちてくるだけです。

図47

スクリプトができたら、旗を押して動作を確認しましょう。Ballをマウスで上端まで戻して、何度か動作を確かめます。

Ballのy座標が−154より小さくなると、繰り返しの処理が終わるので、そこでBallの動きが終わります。

プログラミングのポイント

図A

2種類の繰り返し

Scratchでは「○回繰り返す」「〜まで繰り返す」の2種類の繰り返しのブロックが用意されています（図A）。このように、多くのプログラミング言語に2種類（あるいは3種類）の繰り返しが用意されています。

では、この2つの違いが説明できますか？

- 「○回繰り返す」のブロックは、あらかじめ繰り返す回数がわかっているときに使います。
- 「〜まで繰り返す」は、条件がtrueになるまでずっと繰り返すので、何回繰り返されるかは、プログラムを実行するときになって決まります。プログラムによっては、実行されるたびに繰り返しの回数が変わることもあります。

いま作っているプログラムの場合、Ballが下に着くまでに何回「y座業を−10ずつ変える」を繰り返せばよいのかはわかりません。そこで、「〜まで繰り返す」のブロックを使います。

手順7 さらに、図のようにスクリプトを追加します（図48）。

これで下まで落ちたBallが画面から消えます。ずっとの繰り返しにより、消えたらまた画面の一番上に表示され、そこから落ちてきます。

旗を押して動作を確認して下さい。「ずっと」の繰り返しがいつまでも終わらないので、止めるときは止めるボタンを押します。

このスクリプトは繰り返しが「入れ子」になっています。

内側の繰り返し（「−154＞y座標まで繰り返す」）はBallが上から下まで落ちるという動作です（先ほど確かめましたね）。外側の繰り返し（「ずっと」）は、「Ballを画面上端に持っていって表示→下まで落ちたら隠す」という動きを繰り返します。

手順8 ネコにあたったときの処理を追加します（図49）。

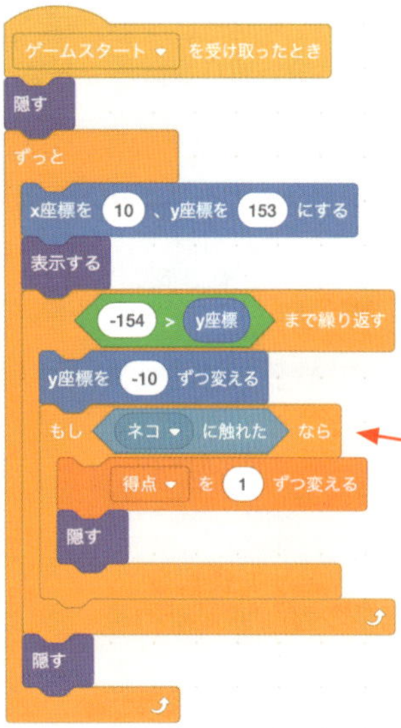

ボールが消えるのは、画面の下端まで落ちたときだけではありません。ネコにあたったときにもボールを消さなければなりません。また、そのときには得点を1増やさなければなりません。

y座標を−10変えるたびに「ネコに触れた」（＝ネコにあたった？）かどうかをチェックし、もし「ネコに触れた」のなら得点を増やして画面から隠します。

隠したあとでも、非表示のままでBallは下まで落ちていきます。そのまま、y座標が−154よりも小さくなったら「−154＞y座標まで繰り返す」のブロックは終わります。

図49

旗をクリックして、スクリプトの動きを確かめてください。ネコを動かしてBallにあてたり、ネコをBallから離したりして、得点の入り方やBallの動きを確かめます。

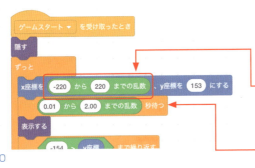

図50

手順9 Ballが同じところから落ちるだけではゲームにならないので、適当な場所から落ちるように処理を追加します（図50）。

x座標の−220から220のいずれかの地点からBallが落ちてくるようになります。

さらに、落ちてくるタイミングが一定にならないように、落下を開始するまでにランダムな秒数の待ち時間を作ります。

図51

手順10 落としたい数だけ、Ballを複製します（図51）。

Ballの上で右クリック→「複製」をします。

手順11 あたると点が減るBallを作りたい場合は次のようにピンク色のコスチュームを選びます（図52a）。スクリプトで、あたったときの得点の増減を変更します（図52b）。

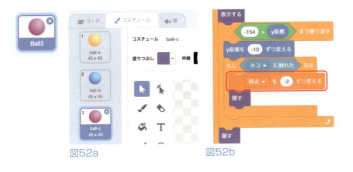

図52a　図52b

たとえば、Ball 3のコスチュームをピンクにして、あたったときの得点の変化を−2にするなどです。

以上で完成です。背景を変えたい場合は変更してください。今回のプログラムのポイントは、繰り返しの中に繰り返しを入れるというところです。内側の繰り返しは上から下まで落ちるという動作、外側の繰り返しは内側の繰り返しを繰り返すという動作です。

> プログラミングのポイント

あたり判定をどのスプライトでするのか

ゲームを作るときに、自分のキャラクター（自キャラクター）とそれ以外のキャラクター（敵キャラクター）との「あたり判定」をすることがあります。あたり判定のスクリプトの作り方は何通りもありますが、どのスプライトにあたり判定のスクリプトを作ればよいのかをよく考えなければいけません。

たとえば、サンプルのプログラムだと、①ネコ（自キャラクター）にあたり判定をさせるのか、それとも、②それぞれのBall（敵キャラクター）にあたり判定をさせるのかという二通りの方法があります。

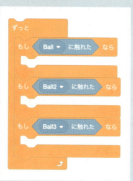

方法その① （自キャラクターにあたり判定をさせる）

自キャラクターであるネコにあたり判定をさせる場合、このようなスクリプトになります（図A）。それぞれのBallに対してあたり判定のスクリプト「もし〇に触れたなら」を用意しなければなりません。

このサンプルは敵キャラクターが三つだけですが、もっと多かった場合、その数だけ「もしあたったらどうするか」というスクリプトを作る必要があります。

図A

方法その② （敵キャラクターにあたり判定をさせる）

敵キャラクターであるBallにあたり判定をさせる場合には、このように自キャラクター（この場合はネコ）にあたった場合のスクリプトを作るだけです（図B）。ただし、ほかのBallにも同じスクリプトを用意する必要があります。

サンプルのプログラムはこちらを採用しています。

図B

どちらの方法でもプログラムとしては正しく動作します。では、どちらがよいのでしょうか。それぞれの長所と短所を考えてみましょう。

◆ 方法その① （自キャラクターにあたり判定をさせる場合）

長所
・あたり判定のスクリプトが自キャラクターのスクリプトエリアだけで完結する。

短所
・ブロックが多くなるので、スクリプトが見にくくなる。うまく動かないときになおすのが大変。
・ブロックが多くなるので、いずれかの敵キャラクターへのあたり判定を作り忘れていても気づきにくい。
・ある敵キャラクターとのあたり判定のスクリプトを作りまちがえると、ほかの敵キャラクターのあたり判定がうまく動作しなくなる可能性がある。プログラム全体への影響が大きい。
・敵キャラクターをコピーした場合に、あたり判定のスクリプトを新たに作って追加しなければならない。

◆ 方法その② (敵キャラクターにあたり判定をさせる場合)

長所
- 自キャラクターにあたった場合のあたり判定しかないのでスクリプトが見やすい。うまく動かなかったときに簡単に直せる。
- ブロックが少なくて済むので、あたり判定のブロックがあるかどうかが一目でわかる。作り忘れない。
- あたり判定のスクリプトを間違えて作っても、そのスプライトだけがうまく動かなくなる。プログラム全体への影響が小さい。
- 同じような敵キャラクターを複数作る場合は、スプライトをコピーするだけであたり判定も自動的に作成できてしまう。

短所
- あたり判定が、あちこちのスプライトのスクリプトエリアに分散してしまう。

以上のような長所と短所を総合的に考えると、あたり判定は敵キャラクターに作ったほうがよさそうです。とくに、方法その②の最後の長所があることでプログラミングにかかる手間が省けるという利点が大きいと考えられます。

作るプログラムによっては、自キャラクターにあたり判定をさせたほうがよい場合もあるので、すべての場合にこの考え方があてはまるかどうかはわかりません。それぞれの場合で柔軟に考えましょう。

ステップアップ

4.3.s1　10点になるとゲームを止めて「おめでとう！」とネコが言うようにしよう。

4.3.s2　4.3.s1に加えて、−10点になるとゲームを止めて「ゲームオーバー」とネコが言うようにしよう。

4.3.s3　4.3.s2に加えて、5点を超えると、ボールのスピードが−15になるようにして、難易度があがるようにしてみよう（三つ全部のボールのプログラムを変更します。作成したスクリプトを複製しても構いません）。

4.3.s4　それぞれのボールで、落とす前に黄色かピンクをランダムに決めて落としてみよう。もちろん、黄色のときにあたれば1点、ピンクのときにあたれば−2点です。

　　　ヒント：`コスチュームを 1 から 10 までの乱数 にする` のブロックを使って、コスチュームの番号をランダムに決めることができます。

　　　　　　現在のコスチュームの番号は、`コスチュームの 番号▼` の丸いブロックに入ります。

4.3.s5　4.3.s2.の条件ではなく、ピンクのボールに3回あたるとゲームオーバーになるようにしてみよう。

> プログラミングのポイント

整数と小数

ScratchでもそうですがたいていのプログラミンG言語では、整数と小数は別のものとして扱われます。

図A

◆ 整数
　この場合は整数なので、図Aのブロックで発生するのは1か2か3のいずれかの数になります。

図B

◆ 小数
　この場合は小数なので、1.55, 1.67, 2.39など、図Bのブロックでは、1.0～3.0までのさまざまな小数が発生します。

このように、プログラムでは、整数は整数だけの世界、小数は小数だけの世界で計算が行われます。

図C

◆整数と小数の混合
　整数と小数が混ざっているときは、まず整数が小数に変換され、それから小数同士の計算と同じように処理されます。

たとえば、図Cの場合は、小数である1.0と整数である3が混じっているので、3は3.0と変換されます。そして、このブロックは「1.0から3.0までの乱数」と同じ働きをします。

試しに、乱数のブロックに整数や小数のいろいろな数を入れてクリックしてみてください。

> プログラミングのポイント

構造化プログラミング

　Scratchに限らず、多くのプログラミング言語は「逐次処理」「分岐処理」「繰り返し」の三つの要素で成り立っています。この三つの要素の組み合わせでプログラムを作ることを「構造化プログラミング」といいます。

◆　逐次処理

　第1章でも確認したように、上から一つずつ順番に処理が行われていくということです。Scratchでは、重ねたブロックが一つずつ上から順番に実行されますね。

◆　分岐処理

　条件によって処理の流れを分けることで、Scratchでは「もし〜なら、でなければ」「もし〜なら」などのブロックを使います。

　ほかのプログラミング言語、たとえばJavaの分岐処理は次のように書きます（細かいところはわからなくても構いません。構造がなんとなく似ているなぁと感じていただければと思います）。

```
if ( a == 3 ) {
    // 変数「a」が3のときはここに書いたプログラムが実行される
}
else {
    // でなければここに書いたプログラムが実行される
}
```

これはScratchの図Aのブロックと同じ処理です。JavaとScratchを比べると、構造がよく似ていますね。

図A

◆　繰り返し

すでに説明した通りですが、たとえば、Javaでは次のように書きます。

```
while ( a <= 3 ) {
    //ここに繰り返したい処理を書く
}
```

これは、「〜まで繰り返す」という図Bのブロックと同じです。Javaのプログラムの細かいところはわからなくても構いません。「なんとなく似ているな」ということを感じてください。

図B

— column —
条件式に慣れよう（練習問題）

　構造化プログラミングができるようになるには、条件式を正しく書けることがポイントです。練習問題を解いて条件式を正しく理解し、条件式の書き方をマスターしましょう。

問題4.1　次の条件式は、trueでしょうか、それともfalseでしょうか。trueか、falseで答えてください（正しいときはtrue、そうでなければfalse）。

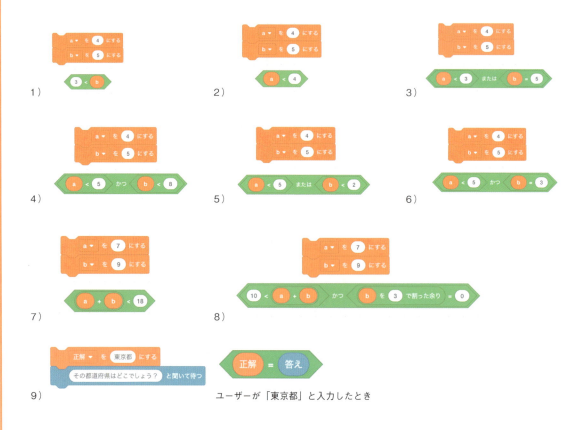

問題4.2　例題と解答例をみならって、条件にあてはまる条件式を作ってください。正解は一つとは限りません。使ってよいブロックは次の通りです。

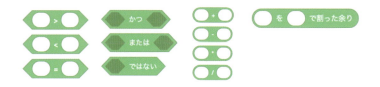

例題1：aは3より小さいかどうか
解答例：a ＜ 3

例題2： aは10以下かどうか
解答例： 「a＜10」または「a＝10」
別の解答例： 「10＞a」または「a＝10」

1) bはaより小さいかどうか
2) bはa以下かどうか
3) aは3～6までの数かどうか（3と6を含む）
4) bはa＋3より大きいかどうか

チャレンジ問題
5) aは5で割りきれるかどうか

解答4.1.

1) true
2) false（4は含まない）
3) true（「または」は、どちらか片方がtrueのときはtrue）
4) true（「かつ」は、両方ともtrueのときだけtrue）
5) true（a＜5がtrueなので）
6) false（a＜5はtrueだが、b＝3ではないから）
7) true（16は18より小さい）
8) true
9) true

解答4.2.
解答例（これ以外にも答えはあります）

1) 　　　b＜a
　　　　 a＞b
　　　　 「「a＜b」または「a＝b」」ではない

2) 　　　「b＜a」または「b＝a」
　　　　 「a＞b」または「b＝a」
　　　　 「b＞a」ではない

3) 　　　「2＜a」かつ「a＜7」
　　　　 「「3＜a」または「a＝3」」かつ「「a＜6」または「a＝6」」

4) 　　　b＞「a＋3」

5) 　　　「aを5で割ったあまり」＝0

第5章 関数の使い方をマスターしよう

|この|章|で|学|ぶ|こ|と|

本章では、オリジナルの模様作りを通して、関数や引数について学びます。また、再帰処理という仕組みを使ってフラクタルという模様を描きます。

| この章で学ぶScratchの操作 | ペン、定義（関数） |

| この章で学ぶプログラミングのポイント | 関数、引数、再帰処理 |

5.1 オリジナルの模様を作ろう （関数）

図1

サンプルのファイル（sample5_1.sb3）を開きましょう。

旗をクリックすると、いろいろな模様が描かれます（図1）。スペースキーを押すと、模様が消えます。

このプログラム作りを通して自分の好きな模様を描きながら、関数とはなにかを学びます。

やってみよう

図2a

準備 このプログラムでは拡張機能として用意されているペンという機能を使います。

拡張機能は画面左下の追加ボタンから追加します（図2a）。追加ボタンをクリックしてください。

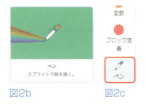
図2b　　図2c

表示された拡張機能から「ペン」をクリックします（図2b）。

図のように、ブロックの種類に「ペン」が追加されます（図2c）。

108

手順1 「ネコ」のスプライトに、図のスクリプトを作成します（図3）。

ペン関係のブロックは、追加した「ペン」のグループの中にあります。

作成したら、旗をクリックして動作を確かめてください。四角が描かれます。

四角が描かれたら、スペースキーを押してください。描画された模様が消えます。ネコのスプライトは、x=0、y=0（原点）に戻り、90度（右）を向きます。

図3

Scratchの操作

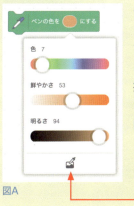

図A

図B

図C

ペン

ペンのブロックを使うと、スプライトの動いた軌跡が線として描かれます。「ペンを下ろす」という命令で、線を描き始めます。「ペンを上げる」という命令が実行されるまで線を描き続けますので、必要なぶんだけ線を描いたら「ペンを上げる」という命令を必ず入れます。「ペンの色を○にする」「ペンの太さを○にする」などのブロックを使うとペンの色や太さを自由に変えることができます。

「ペンの色を○にする」のブロックは、○の中をクリックするとカラーピッカーが表示されます（図A）。ここで、色、鮮やかさ、明るさを変えます。 をクリックすることで、ステージ上の色を選択することもできます。

ペンの色を数で指定するブロックは、次のように0〜100の数で表す仕組みになっています（図B）。100を超えると0になります。0以下になると100になります。

0 ←   → 100

色以外にも、鮮やかさ、明るさ、透明度などを数値で指定できます（図C）。

第5章 関数の使い方をマスターしよう

手順2 いま作ったスクリプトのうち、四角形を描くためのブロックを脇によけておきます（図4）。

図4

考えてみよう

いまから、一辺が100歩の図Aのような三角形を描きたいと思います。どのようなスクリプトを作るとよいでしょうか。以下の解答を読む前に「旗が押されたとき」のブロックの下に自分で作ってみましょう。

図A

ヒント：最初に100歩あるいてから、ネコを何度回すとよいでしょうか（図B）。

図B

手順3 次のように「旗が押されたとき」のブロックのところにスクリプトを作ります（図5）。

三角形の外角の分だけ回すので、120度回します。

$$180° - 60° = 120°$$

旗をクリックして動作を確認しましょう。

図5

三角形が描けたら、スペースキーを押して消します。

手順4 さきほどの四角形のスクリプトと同じように、三角形を描くスクリプトを脇によけておきます（図6）。

図6

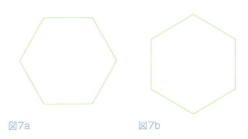

図7a 図7b

手順5 同様に、図7a、図7bのような二種類の六角形を描くプログラムをそれぞれ作ります。下記の手順を見る前に、まずは自分で考えてみましょう。できれば手順を見ないで自分で作ってみましょう。図7bでは、ステージからはみ出ないように、一辺を60にするとよいでしょう。

先ほどまでの三角形、四角形のように、一つ描くごとにそのスクリプトを脇によけておきます。

図8

手順6 六角形のスクリプトは図8のようになります。スクリプトを追加しましょう。

動作を確かめたら、これも脇によけておきます。

60度回す理由→六角形の外角のぶんだけ回すから。
六角形の外角は「180°－六角形の内角」
　180°－120°＝60°

六角形の内角の求め方
　六角形の内角の和　180°×4＝720°
　（三角形四つ分：図を参照）

六角形の内角　720°÷6＝120°

手順7 二つめの六角形のスクリプトは図9のようになります。

あらかじめ30度回しておいてから、一つめの六角形と同じ形を描くとよいのですね。

描き終わったら、ネコを元の向きに戻しておきます（－30度回す）。

このスクリプトも、脇によけておきましょう。

図9

以上で基本的な図形が用意できました。いまから、これらの基本的な図形を使って図10のような模様を作ってみることにしましょう。

図10

これは、図11のように、三角形を少しずつ回転させながらいくつも描いてできた模様です。

図11

手順8 「ブロック定義」グループから、「ブロックを作る」をクリックして、新しいブロックを作ります（図12a、図12b）。

図12a

「ブロック名」のところに「三角形」と入力して「OK」をクリックします（図12c）。

図12c

Scratchの操作

定義（関数）

図A

Scratchでは、もともと用意してあったブロックを使うだけでなく、上記のように自分でブロックを作ることができます。

「ブロック定義」グループの「ブロックを作る」ボタンから作ります。ブロックにはわかりやすい名前をつけます。

図Aのように2種類の部品が作成されます。ブロック そのものと「定義」のブロック です。

新しく作ったブロックは、いままでのブロックのようにスクリプトの中で使えます。

そのままでは新しく作ったブロックが実行されても何も起こりません。そこで、「定義」のブロックにいろいろなブロックを追加して、自分でブロックの動きを作ります。

このように自分でブロックを作る仕組みのことをScratchでは「定義」といいます。「定義」のことを「関数」ともいいます。同じことですが、プログラミングの世界では一般的に「関数」ということが多いです。
　本書では「定義」または「定義（関数）」と記述します。

図13

手順9　「定義三角形」というブロックに、さきほど脇によけておいた三角形を描くスクリプトの先頭をくっつけます（図13）。

　これで、■のブロックを使うと三角形が描かれるようになりました。

手順10　定義ができたら、■をスクリプトエリアにもってきてクリックし、動きを確認します。確認できたら「スペースキー」を押して図形を消します。

> Scratchの操作

定義（関数）　処理の流れ
　自分で名前をつけたブロック（この例では三角形）が実行されるごとに、定義のブロックにつながったスクリプトが実行されます（図A）。

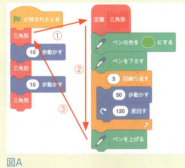
図A

① 「三角形」のブロックから定義「三角形」を呼びます。定義を実行することを「呼ぶ」とか「呼び出す」とか言います。
② 定義「三角形」の中のブロックが順に実行されます。
③ 定義「三角形」の処理が一番下までいって終了すると、呼び出し元のブロックに処理が戻ります。

　処理が戻ったら、呼び出し元の次のブロックに処理が移ります。この場合は「10歩動かす」に移ります。

　「10歩動かす」の次に、もう一度「三角形」のブロックがあるので、「定義三角形」が再び呼び出され、上記と同じように①②③が処理されます。（図B）。

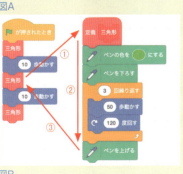
図B

　さらにこのあと、もう一度「10歩動かす」が実行され、「定義三角形」が呼ばれて実行されます。

手順11 三角形と同様に、四角形と六角形の定義を作ります（図14）。

二つめの六角形の定義には「六角形2」という名前をつけました。

図14

プログラミングのポイント

関数

定義のブロックのことを、プログラミングの世界では一般的に「関数」といいます。「定義」も「関数」も同じものの違う呼び方だと思っておいてください。

定義（関数）を実行することを、定義（関数）を「呼ぶ」といいます。定義（関数）の処理が終了すると、処理は呼び出し元に戻されます。

定義（関数）を使えば、同じ処理を何度も再利用することができます。たとえば、右に10歩ずつ動きながら三角形を三つ描くプログラムの場合、定義（関数）を使わなければ図Aのような長いプログラムになってしまいます。何度も使う処理を定義（関数）「三角形」としてひとまとめにすることで、図Bのようなシンプルなプログラムになります。

図A

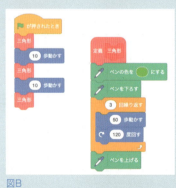

図B

ということは、何度も再利用することがわかっているスクリプトは、最初から定義（関数）にしておいたほうがいいということです。

図15

手順12 では、さきほど作った定義「三角形」を使って、図のようにスクリプトを作りましょう（図15）。

繰り返しのなかで、三角形の定義（関数）が呼ばれています。一つの三角形を書き終えるごとに30度右に回します。

ネコが少しずつ回りながら三角形を描いていきます。12回繰り返すことで元の向きに戻ってきます。

旗をクリックして、描かれた絵を確認しましょう

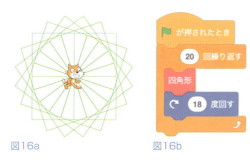

図16a　　　　図16b

手順13 確認ができたら、スクリプトを変更して、今度は四角形の定義を使って模様を描いてみましょう（図16a）。

これは、四角形を18°ずつ回しながら描いていきます。繰り返しの回数は20回です。20回繰り返すと、ネコはぴったり元の向きに戻ります（図16b）。

模様が描けたら、スペースキーを押して消しましょう。

チャレンジ

回す角度を変える

5.1.c1　上記のスクリプトを18°ではなく20°に変更してみましょう。繰り返しの回数は自分で考えてみてください。

5.1.c2　では、30°回してみましょう。何回繰り返すとよいでしょうか。

5.1.c3　回す角度と、繰り返しの回数の関係について考えましょう。何か規則が見つけられましたか。

5.1.c4　いろいろな角度で回してみましょう。

図17a

手順14 気に入った模様ができたら、新しく定義を作って定義のブロックのところにその模様のスクリプトを追加しておきましょう（図17a）。

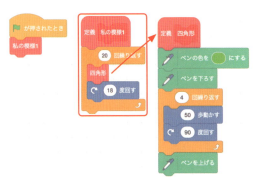

figure17b

ちなみに、図の例では、定義（関数）「私の模様1」の中から定義（関数）「四角形」を呼んでいます（図17b）。

チャレンジ

5.1.c5 自分の好きな模様を作る

自分なりに、いろいろな模様を作ってみましょう！四角形や三角形などのさまざまな定義（関数）を使い、まわす角度や繰り返しの回数をいろいろと変えていきます（図A）。

図A

図B

六角形が大きすぎる場合は、定義「六角形」の「○歩動かす」の数値を小さくして大きさを変えましょう。右の図Bの例では「三角形」と「四角形」を使っていますが、このように、二つ以上の定義を使うと、もっと複雑な模様が作れます。

5.1.c6 複数の模様を並べる

図Cのように、画面の上にいくつも模様を並べることができますか（図D）。

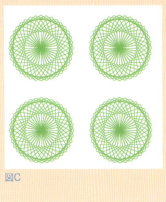   

図C

図D

5.2 自由自在に模様の大きさを変えよう（引数）

図18a

図18b

サンプルのファイル（sample5_2.sb3）を開きます。この節では、いままでのように新規にプログラムを作成するのではなく、このスクリプトを使ってすすめていきます。

「定義三角形」を使って、図18aのように大きさを変えながら三つの三角形を描くにはどうすればよいでしょうか。

一つ描くごとに三角形の大きさが変わるということは、定義「三角形」の「○歩動かす」の数字が変更できるといいですね（図18b）。そこで、次のようにスクリプトを修正します。

やってみよう

図19

手順1 定義のブロックの上で右クリック→「編集」を選びます（図19）。

図20a

手順2 「引数を追加　数値またはテキスト」をクリックします（図20a）。引数の意味についてはあとで説明します。

図20b

ブロックに「number or text」と表示されるので、「大きさ」と入力します（図20b）。

「定義三角形」に「大きさ」という引数が追加されます（図20c）。

引数「大きさ」の丸いブロックをドラッグして、「○歩動かす」のブロックの○に入れます。

図20c

手順3 「旗が押されたとき」のスクリプトを次のようにします（図21）。

旗をクリックして、動きを確かめてみましょう。

スペースキーを押すと、描いた図を消せます。「三角形○」の数値をいろいろと変えて、何度か動きを確かめてみましょう。

図21

| プログラミングのポイント | Scratchの操作 |

引数

定義（関数）を呼ぶときに、数や文字などのデータを定義（関数）に送ることができます。この仕組みを引数といいます。

引数の仕組み

この例の1回目の「三角形」の呼び出しでは、50が引数「大きさ」に送られます（図A）。

この処理の中では、「大きさ」の丸いブロックは50として扱われます。

図A

2回目の「三角形」の呼び出しでは、100が引数「大きさ」に送られます（図B）。

今回の処理では、1回目に呼び出されたときと違って、「大きさ」の丸いブロックは100として扱われます。

図B

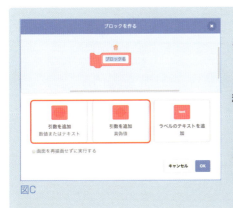

引数を作るときには、その引数に送るデータの種類（型といいます）をあらかじめ指定します。

Scratchでは、「数値またはテキスト」、「真偽値」の二種類があります（図C）。

サンプルのプログラムでは、10や100などの数値を送るので「数値またはテキスト」を選んでいます。

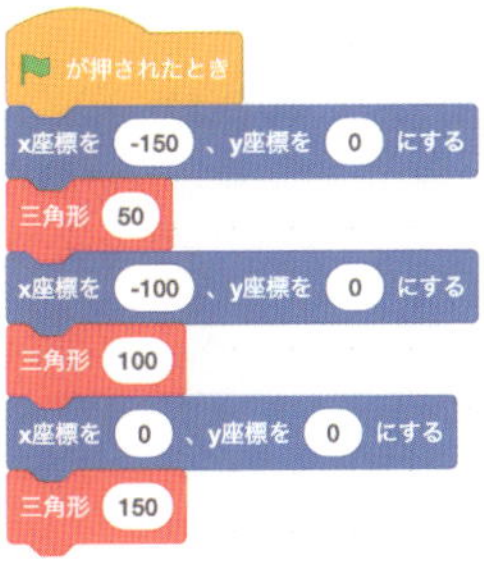

図C

手順4 図18aの三つの三角形は次のようにすると描くことができます（図22）。

引数を変えて定義（関数）三角形を三回呼んでいます。旗をクリックして動作を確かめてください。図がかけたら、スペースキーで消します。

図22

図23a

手順5 引数を使うと次のようなことができます。やってみましょう。

「大きさ」という変数を作り（図23a）、「旗が押されたとき」のところに、このようにスクリプトを作ります（図23b）。

※ さきほどまで「旗が押されたとき」のブロックの下に作っていたスクリプトは削除してください。

図23b

実行すると、大きさが50の三角形で花火のような図ができます（図23c）。引数として変数「大きさ」を「定義三角形」に送っているからです。描画が終わったら、スペースキーを押して絵を消します。

図23c

大きさの初期値である「50」を、自分の好きな数にいろいろと変えてみて、どのように絵が変わっていくのかを確かめてみましょう（図23d）。

※ 毎回、スペースキーを押して絵を消すようにしましょう。

図23d

第5章 関数の使い方をマスターしよう

図23e

次に、プログラムを図のように作り変えます（図23e）。

前に作った花火のような模様を3回繰り返して描きます（図23f）。つまり三周するということです。ただし、一周ごとに大きさを50ずつ変えています。

図23f

チャレンジ

5.2.c1　大きさと繰り返しの回数を変えていろいろな絵を描こう。

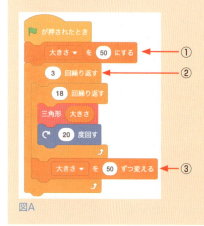

図A

大きさの初期値（①）、繰り返しの回数（②）、繰り返しごとの大きさの変化（③）の数値をいろいろと変えて実行してみましょう（図A）。

これで、ずいぶんと複雑な絵が描けるようになりますね。

プログラミングのポイント

仮引数と実引数

関数にデータを送る仕組みを引数と呼ぶということはこれまでに説明しました。定義のほうで使われる引数を「仮引数」、関数の呼び出しのほうの引数を「実引数」といいます。

Scratchでは図Aのようになっています。

図A

5.3 大きさと形を指定して書いてみよう（複数の引数をもつ関数）

前節の5.2では「大きさ」を引数で指定できるようにしました。今度は「大きさ」だけでなく「何角形にしたいのか」まで引数で指定できる定義（関数）を作ってみましょう。たとえば、一辺40の六角形は図24のように呼びます。

図24

一つめの引数（左側、40）が「大きさ」です。
二つめの引数（右側、6）が「角の数」です。

図25a　　　　　　　　　　　　　　　　図25b

やってみよう

手順1　まずは定義（関数）を作ります。「ブロック定義」の「ブロックを作る」ボタンをクリックします（図25a、図25b）。

図26

定義（関数）の名前は、「多角形」と入力します（図26）。

図27

「引数を追加　数値またはテキスト」のボタンを2回クリックして引数を二つ加え、それぞれ「大きさ」「角の数」という名前にします（図27）。

※ このように、引数はいくつでも作ることができます。

図28a

手順2　最初からスクリプトを作ると手間がかかるので、さきほど作った四角形のスクリプトを再利用します。四角形のスクリプトを複製して、いま作った多角形の定義（関数）のブロックにくっつけます。複製は、「定義四角形」の「ペンの色を○にする」のブロックで右クリックして「複製」を選択します（図28a）。

※ 「定義四角形」の赤のブロックの上ではないので注意します。

第5章　関数の使い方をマスターしよう

121

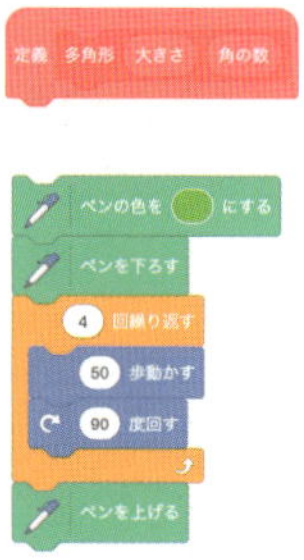

複製されたスクリプトを、先ほど作成した「定義多角形（大きさ）（角の数）」のブロックにくっつけます（図28b）。

図28b

考えてみよう

さて、このあとはどうすればよいでしょうか。「大きさ」と「角の数」の引数をどこに、どうやってあてはめるとよいでしょうか。

引数は、図Aのように、何度でもドラッグして引き出せるので、スクリプトの中のあちこちで何度も使えます。図のように計算と組み合わせて使うこともできます。

図A

手順3 まずは次のようになります（まだ途中です）。

引数「大きさ」のブロックは先ほどと同じなので、すぐにわかったのではないでしょうか。「○歩動かす」のブロックにはめ込みます（図29）。

引数「角の数」は「○回繰り返す」のところにはめ込みます。

図29

考えてみよう

問題は「○度回す」のブロックに何が入るのか、です。ここにどんなブロックを入れるべきなのかを紙などに書きながら考えてみましょう。わかった場合はブロックに答えを入れて実行してみてください。

図30a

手順4 「○度回す」には、「360/角の数」が入ります（図30a）。

結局、正多角形の外角は360÷角の数なんですね。

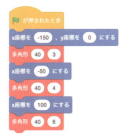

図31a

手順5 関数を呼ぶほうのスクリプトを作ってしまいましょう。「旗が押されたとき」のブロックを次のように作り直します（図31a）。

大きさ40の、三角形、四角形、六角形を、位置をずらしてそれぞれ描こうとしています（図31b）。旗をクリックして動きを確かめましょう。

図31b

チャレンジ

5.3.c1 上記の「旗が押されたとき」のスクリプトを、角の数を変えたり、大きさをいろいろと変えて実行してみましょう。ネコが画面からはみ出るとうまく描けないので、はみ出てしまうときは引数「大きさ」の数値を小さくしましょう。

プログラミングのポイント

引数の対応関係

関数に引数を送るときは、仮引数で指定された順番に対応して送られます。

図A

たとえば、図Aの定義（関数）では、「大きさ」「角の数」の順番で仮引数が指定されています。

図B

したがって、呼ぶ方のブロックの40は仮引数「大きさ」に対応しており、3は仮引数「角の数」に対応しています（図B）。間違って違う順番で数を送らないようにしましょう。

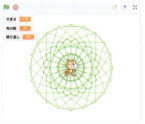

図32

図33

さらに工夫を凝らすと、さきほど作成した定義（関数）「多角形」を使って次のような模様も描けるようになります（図32）。

「大きさ」「角の数」「繰り返し」という変数を作り、それぞれを最初に初期化しています（図33）。

第5章 関数の使い方をマスターしよう

一周するごとに「大きさ」と「角の数」が増えていきます。

一番内側の円が三角形で作った円、次の円が四角形で作った円、一番外側の円が五角形で作った円です。円の大きさが20ずつ大きくなっています。
「大きさ」や「角の数」が増えるだけでなく、「繰り返し」が増えるようにスクリプトを修正してみるのもよいですね。

※ このスクリプトは、sample5_3.sb3という名前で用意しています。確かめたい場合はファイルを開いて確かめてください。

チャレンジ

5.3.c2　角の数や大きさや繰り返しの初期値を変更したり「○ずつ変える」のブロックの数値を変更するといろんな図が描画できます。いろいろと試してみましょう。

繰り返しのたびに色を変えてみるのもおもしろいですね（図A）。

※ このスクリプトは、sample5_4.sb3という名前で用意しています。

図A

工夫をすると、図Bのように画面の上にいくつもの絵を並べることもできますね。

自分なりのオリジナルな楽しい模様を作ってみましょう。

図B

以上で関数の仕組みの基本は終わりです。絵を描くだけでなく、計算やゲームの得点処理などのプログラムを関数にすることもできます。

次の節は関数の応用編である「再帰処理」についてです。「再帰処理」は応用編なので、次の節を飛ばして第6章に進むこともできます。

5.4 再帰処理でフラクタルを描こう（再帰）

図34

サンプルのファイル（sample5_5.sb3）を開いて旗をクリックすると、図34のような美しい樹木の絵が描かれます。

このプログラムは「再帰処理」という方法を使って描かれています。

スペースキーを押すと、絵が消されます。何度か消したり描いたりして動き（どんな順番で描かれていくか、ネコがどう動くか）をよく観察してください。

このプログラムで描いた樹木をよく見ると「ある一部分の形と全体の形」がよく似ています。このような図形を「フラクタル」（自己相似形）といいます。リアス式海岸や巻き貝の形など、自然界の形状はフラクタルになっているものがよく見られます。興味がある場合はインターネットで「フラクタル」を検索してみてください。

図35

このプログラムのスクリプト（図35）を見ると、なんとこの二つだけです。意外と少ないな、と思われるのではないでしょうか。

※ もう一つのスクリプトは絵を消すためのスクリプトなので図には入れていません。

詳しい仕組みはあとで見ていきますが、このスクリプトの特徴は、定義（関数）の中で自分自身を呼んでいるというところです。二カ所確認できると思います。

やってみよう

ここでは、最初からプログラムを作るのではなく、サンプルのファイル（prac5_5.sb3）を使って行います。まずは、prac5_5.sb3に用意されたスクリプトをそれぞれ確認していきましょう。

図36

図36のスクリプトは、スペースキーを押したときに、描かれた樹木の絵を消すためのスクリプトです。

右側を向き、原点に戻り、ペンを上げて、すべての絵を消します。

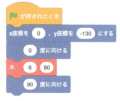
図37a

図37b

旗がクリックされると（図37a）、ネコは画面中央の下の端（x＝0, y＝－130)に行き、上を向きます（図37b）。

「木」という関数が呼ばれ、関数の処理が終わったら、最後にネコは右を向きます。

図38

次に、定義（関数）「木」のスクリプトを読み解いていきましょう（図38）。引数「深さ」と「長さ」があります。引数「深さ」は、いまから描く木が何段あるのかを示します。「何段」の意味は次のとおりです。

この木の「深さ」は1段です（幹しかありません）

この木の「深さ」は2段です。「深さ」が増えるたびに、左右に枝が一つずつ伸びます。

この木の「深さ」は3段です。1段深くなるごとに、枝の数は倍になっていきます。

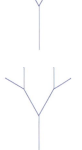

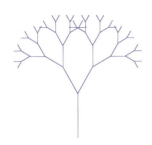

　この木の「深さ」は何段でしょうか？下から順番に数えていくと、6段だということがわかります。

　ある段の枝の長さは、一つ前の段の枝の長さの0.7倍になっています。二つめの引数「長さ」は枝の長さを表しています。

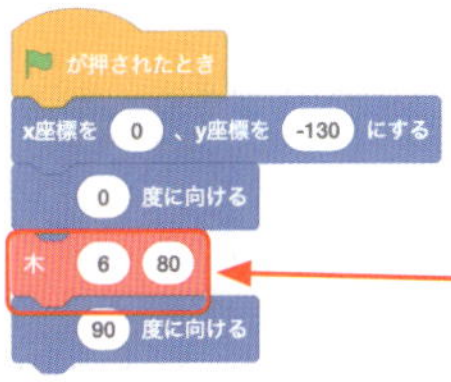

　「旗をが押されたとき」のスクリプトをもう一度見てみましょう（図39）。

図39

　このブロックは、「深さ」が6（つまり6段の木）、一段目の枝の長さが80の木を描こうとしています。

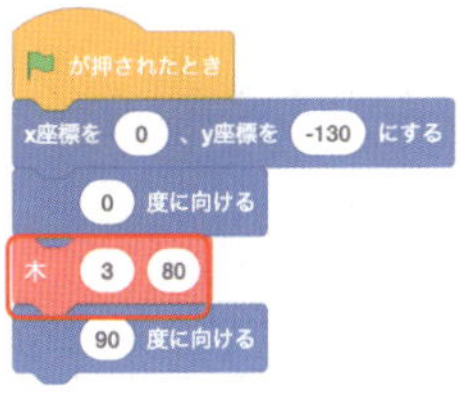

　このあとの説明をわかりやすくするために、数値を変えてみます（図40）。

図40

　「木 3 80」では、引数「深さ」は3なので、3段の木を描きます。

「木 3 80」のブロックに呼ばれた関数は、次のような処理をします（図41）。

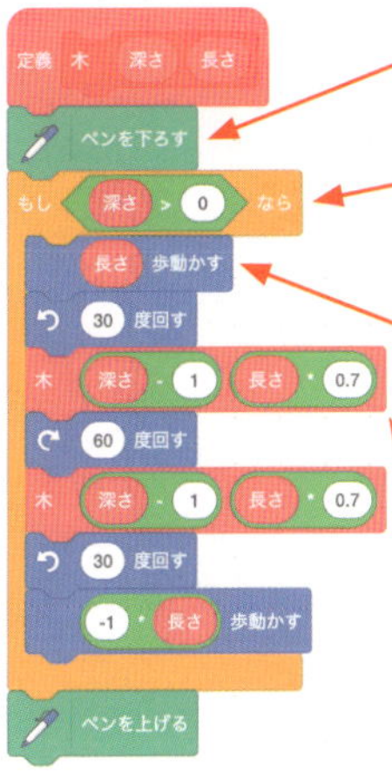

ペンを下ろします。

「深さ > 0」かどうかがチェックされます。深さは3です。「3 > 0」でtrueなので、「もし」の中のブロックが順番に処理されます。

「長さ」は80なので、ペンを下ろしたまま、上向きに80歩動きます。それから、左に30度回ります（図42）。

ここで定義（関数）「木」がまた呼ばれています。
　今度は「木 2 56」として呼ばれます（3−1=2、80×0.7=56だから）。

図41

図42

　このように、関数の中で自分自身が呼ばれると、どのような処理になるのでしょうか。

図43aのように、引数の値を変えて、関数「木」が呼ばれます（みどりの矢印が関数を呼び出していることを表します）。

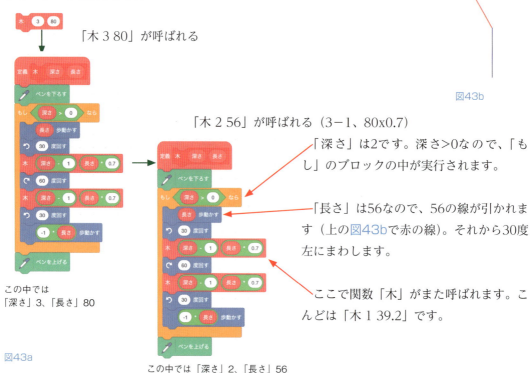

図43a

図43で「木 1 39.2」が呼ばれたので、「木 1 39.2」を書き加えると次の図44になります。

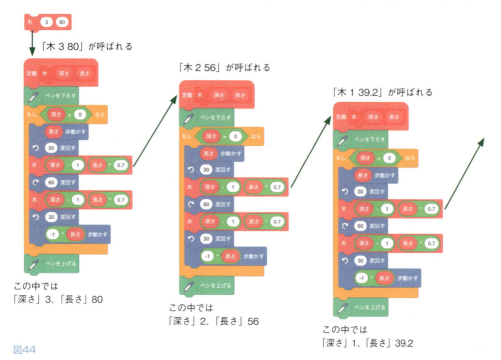

図44

定義（関数）「木 1 39.2」が呼ばれ、「39.2歩動かす」「30度回す」のブロックが実行されると、ステージ上では図45のようになります。赤の部分の長さは「39.2」です。

このように、新しく定義（関数）が呼ばれるたびに、「線を描き、左に30度回し」、また「新しい長さで線を描き、左に30度回し」、また「新しい長さで線を描き、左に30度回し」…ということを繰り返しています。

図45

考えてみよう

このように関数が順繰りに呼ばれていきますが、これはいつ終わるのでしょうか。
　ヒント：引数「深さ」が、関数が呼ばれるたびに 1 ずつ減っていっています。

関数が呼ばれるたびに、引数「深さ」が1つずつ減っていくので、そのうち「深さ」が0になり、図46のようになるはずです。

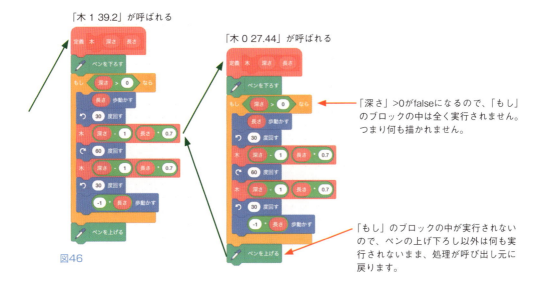

図46

さらに、上の続きは次のようになります。次の図47で「ここから」というところに処理が戻るので、ネコを右に60度回し、二回目の「木 0 27.44」が呼ばれます。

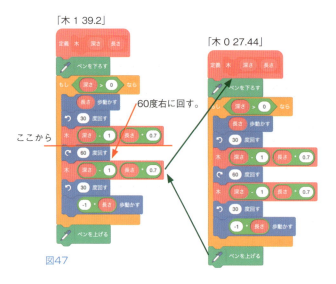

図46と同じように、「深さ」>0 がfalseになるので、ペンの上げ下げ以外は何も実行されずに処理が戻ります。

図47

つまり、「木 1 39.2」の命令を要約すると図48、図49のようになります。頭の中でネコの動きをイメージしながら読んでください。

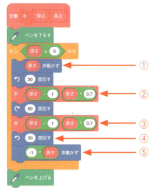

① ペンをおろしたまま39.2歩前に動くことで、3段目の枝を描きます。
② 左に30度回って「木 0 27.44」を呼びますが、何も描かれません。
③ そこから右に60度回ってもう一度「木 0 27.44」を呼びますが、何も描かれません。
④ 元の向きに戻ります（左に30度まわる）。
⑤ そのまま、39.2歩戻ります（「1＊-39.2歩動かす」のブロック）。したがって、「木1 39.2」のスクリプトが全部終わった時には、ネコは2段目の枝の先に戻っています。

図48

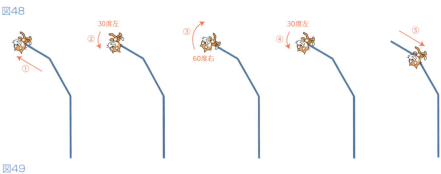

図49

「木1 39.2」が終わると、処理は「木2 56」に戻ります（図50の赤で囲まれた矢印）。

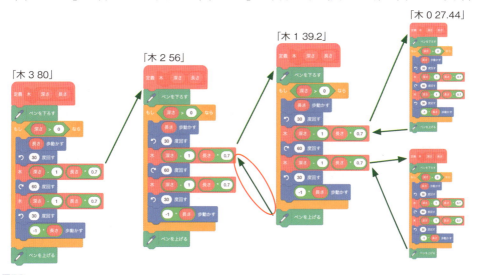

図50

そのまま、処理は「木2 56」の中で進んでいきます。「60度右にまわす」が実行され、二回目の「木1 39.2」が呼ばれます（図51の赤の矢印と、赤で囲んだ矢印）。

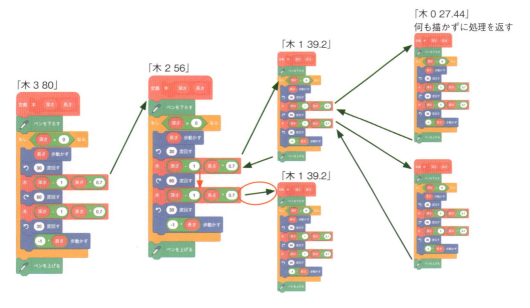

図51

二回目の「木1 39.2」では、まず「39.2歩前に進む」が実行されますが、これは、二段目の枝から見ると、右側に枝を伸ばすということになります（図52の赤い部分）。

図52

二回目の「木1 39.2」からも二度「木0 27.44」が呼ばれますが、それぞれ何も描かずに処理を「木1 39.2」に戻します（図53の赤で囲んだ部分）。

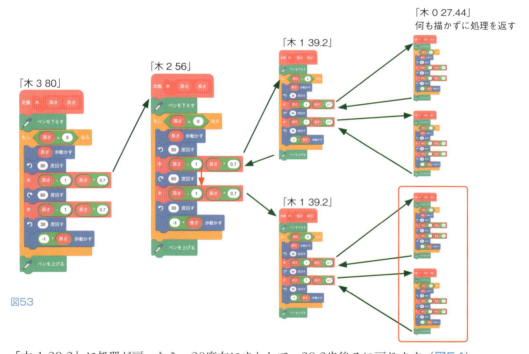

図53

「木1 39.2」に処理が戻ったら、30度左にまわして、39.2歩後ろに戻ります（図54）。

そのあと、処理は「木 2 56」に戻ります。

図54

二回目の「木 1 39.2」から処理が「木 2 56」に戻ると、30度左にまわして、56歩後ろに戻ります（図55）。

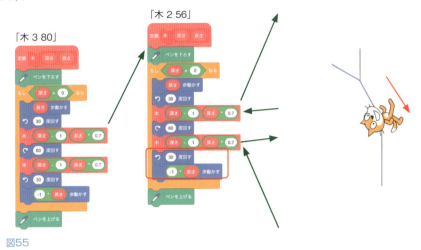

図55

以上を要約すると、図56の赤ワクで囲んだ部分は、2段目以降の枝を描くという命令になります。

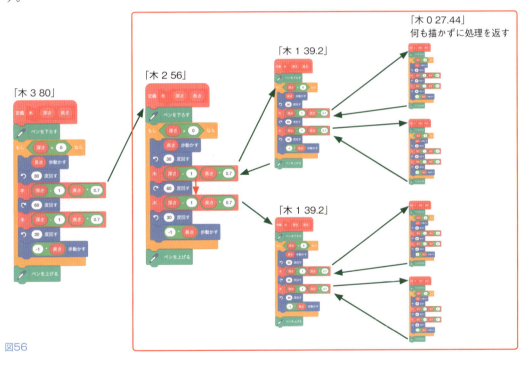

図56

図57

図56の囲まれた部分によって、木の囲まれた部分が描かれます（図57）。

続いて、処理は「木 3 80」に戻ります（図58の赤い矢印）。

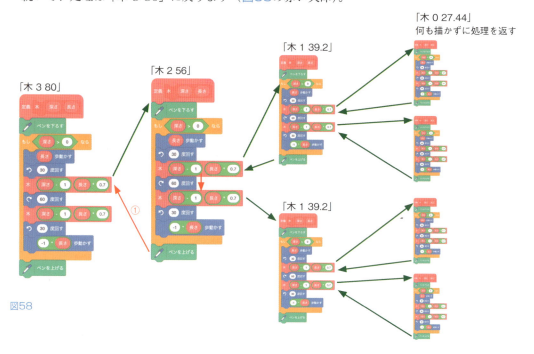

図58

「木 2 56」から処理が「木 3 80」に処理が戻ると（図59の①）、60度右に回し、その状態で二回目の「木 2 56」が呼ばれます（②）。

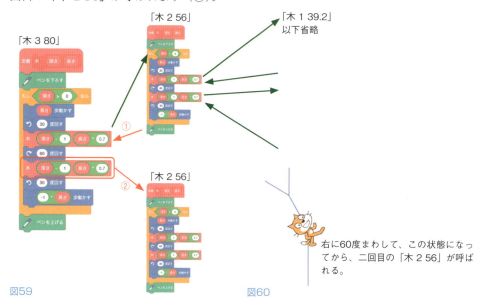

図59　　　図60

二回目の「木 2 56」でも一回目の「木 2 56」と同様に処理が進んでいきます（長くなるので、詳細な説明は省略します）。

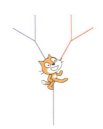

二回目の「木 2 56」では、残りが左側の枝と同じようにして描かれていきます（図61）。

図61

プログラミングのポイント

再帰処理

関数が、定義の中で自分自身を呼ぶことを「再帰処理」といいます。再帰処理をするときには、処理が終わる条件をかならず関数の中に組み込んでおかなければなりません（今回のサンプルでは、深さが0になったら終わり）。そうしないと、永遠に自分自身を呼び続けることになります。

チャレンジ

5.4.c1 深さを変える

最初の木の関数の呼び出しで、深さを深くしてみましょう（図A）。

図A

6以外にも、いろいろと数値を変えて実行してみましょう。

スペースキーを押すと描画した絵が消えます。

5.4.c2 倍率を変える

図B

木の関数のスクリプトで、二回目の木の呼び出しのときの長さを0.7倍から0.6倍にしてみましょう（図B）。

0.6以外にも、0.5、0.4などといろいろと数値を変えて実行してみましょう。

5.4.c3 角度を変える

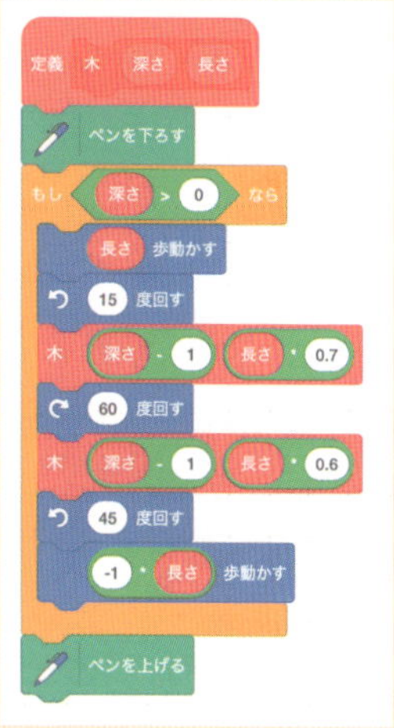

定義「木」の中の回す角度をいろいろと変えてみましょう（図C）。

「○度回す」の命令は三回出てきますが、真ん中で回す角度が、最初の命令で回す角度と、最後に回す命令の角度の和になるようにします。

自分なりに、木の深さ、長さ、倍率、角度をいろいろと変えてみましょう。

図C

MEMO

第6章 アルゴリズムその1　サーチ（探索）

|この|の|章|で|学|ぶ|こ|と|

第4章で学んだように、アルゴリズムとは「処理の手順」のことです。よいプログラムが作れるかどうかは、よいアルゴリズムを考えだせるかどうかにかかっています。第6章〜第8章では、さまざまなアルゴリズムを学ぶことを通してアルゴリズムの基本的な考え方を身につけます。簡単なアルゴリズムから始めて少しずつ高度なアルゴリズムをマスターしていきましょう。
第6章はサーチ（探索）のアルゴリズムを学びます。サーチとは、数多くのデータから目的のデータを探すことです。

この章で学ぶプログラミングのポイント　サーチ（探索）

6.1　その数は何番目？（線形探索）

指定された数をリストの中から探すアルゴリズムを考えます。探したい数をユーザーにたずねて（図1a）、入力された数を探し（図1b）、結果を表示します（図1c）。

sample6_1.sb3を開いて動作を確かめてください。旗をクリックするとリスト「数字の部屋」の内容が更新されます。スペースキーを押すとネコが「探したい数を入力してください！」と尋ねてきます。

図1a

図1b

図1c

やってみよう

図2a

図2b

手順1　まずは、リスト（配列）「数字の部屋」と変数「要素の数」を作ります（図2a、図2b）。「要素の数」には、「数字の部屋」にいくつ数を入れるのかが入ります。

手順2 リストの数を用意するためのスクリプトを作ります。旗をクリックしたら10個のランダムな数が配列に入るようにします（図3a）。

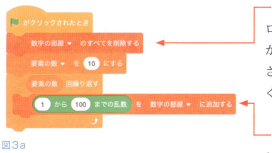

まずは「数字の部屋のすべてを削除する」のブロックで、「数字の部屋」をクリアします。これがなければ、旗をクリックするたびに要素が追加されていくだけになるのでリストがどんどん大きくなる一方です。

乱数を数字の部屋に追加する、という命令を10回繰り返します。

図3a

何度か旗をクリックして動作を確認してください。

※「要素の数を〇にする」の中の数を変えることによって、リスト「数字の部屋」の要素数が変えられるようになっています。

図3b

表示されているリストが小さくてリストの一部が隠れているときは、角をドラッグして大きさを変えましょう（図3b）。

手順3 ユーザーに数を入力させるスクリプトを作ります（図4）。

図4

考えてみよう

ユーザーが数を入力したら、リストの前から順番に数をチェックしていき、入力された数と同じ数があればそこでチェックを止めてネコに答えを言わせます。このあとの答えを見ないでできるのであれば、自分で作ってみましょう。

手順4 変数「いまここ」を作ります（図5a）。

「いまここ」には、リスト「数字の部屋」の添字が入ります。このようにしてリストの何番目をいまチェックしているのかを記録します。

図5a

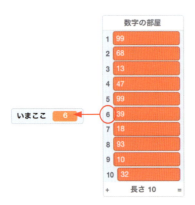

図5bでは、リストの添字「6」が「いまここ」に入っています。

図5b

最初に1番目の要素をチェックするので、プログラム開始直後は「いまここ」に1が入ります。リストの要素を一つずつチェックするごとに「いまここ」の値が増えていきます。

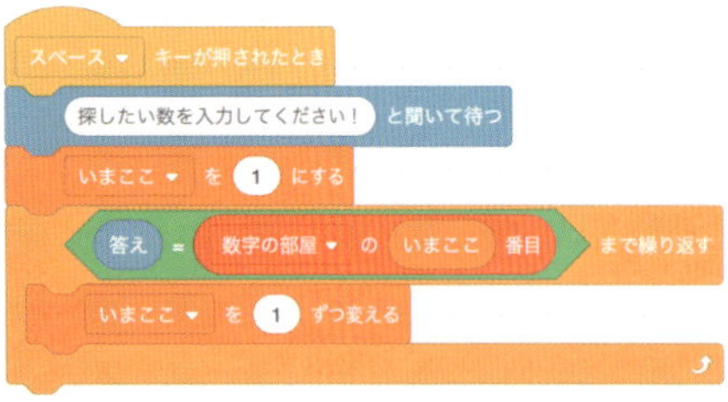

手順5 **手順3**で作ったスクリプトに追加します（図6）。

← 「答え」と「リストの中の数」が一致するまで、「いまここ」を増やしながら、順番に比較を繰り返します。

図6

繰り返しが終わるのは、「答え＝いまここ番目（数字の部屋）」になったときです。つまり、この繰り返しが終わったとき、「いまここ」には目的の要素の添字が入っているはずです。

手順6 最後に、せりふのブロックを追加して、ひとまず完成です（図7）。

図7

手順7 旗をクリックしてリストを作り、スペースキーを押してプログラムを始めてください。

※ リストの中にある数を入力してください。リストにない数を入れるとプログラムは正しく動きません。数を入力するときは「半角」で入力します。

> **プログラミングのポイント**
>
> **リスト（配列）の添字を入れておく変数**
> 　リスト（配列）を使ってプログラムを作るときは、添字（何番目の要素なのか）を入れておく変数を用意することがよくあります。作成中のプログラムでは「いまここ」をそのような変数として用意しています。

いろいろと試してみるとわかるように、このスクリプトには問題点があります。

問題点1：ユーザーが入力した数がリストの中に見つかったらよいのですが、見つからなかったらこのプログラムはどんな動きをするのでしょうか。

図8

図8に示す繰り返しは、「答え」と「リストの中の数」が一致するまで続きます。そのため、一致する数がリストの中になければ繰り返しが永遠に終わりません。このように、終わらない繰り返しを無限ループといいます。

> **プログラミングのポイント**
>
> **無限ループ**
> 　繰り返しの処理があるときは、どこかの時点でそれを終わらせなければ「無限ループ」になります。無限ループを終了させるにはプログラムを強制的に停止させるしかありません。Scratchでは止めるボタンを押します。

考えてみよう

　無限ループにならないようにするためには、どのようにプログラムを作り変えたらよいでしょうか。このあとの説明を読まないでできる場合は自分でプログラムを編集してみましょう。なお、リストの中に数がなかったときは、「○はリストにありませんでした」（○はユーザーが入力した数）とネコのスプライトに言わせるとよいでしょう。

　無限ループにならないようにするためには、数が見つかったときだけでなく、リスト「数字の部屋」の最後までチェックを終えたときにも繰り返しを終わらせなければなりません。

図9

つまり、図9のように、「いまここ」が「要素の数」を超えて大きくなったときにも繰り返しを終えるということです。

二つの条件を「または」でつなぎます。どちらかの条件がtrueだったときに、繰り返しが終わります。つまり、探している数が見つかるか、検索が最後まで終わるか、です。

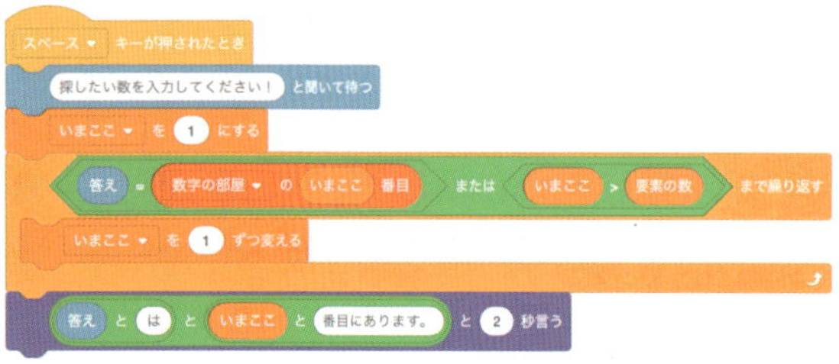

手順8 繰り返しの条件を修正します（図10）。答えが見つからなかった場合、繰り返しが終わったときに「いまここ」は11になっているはずです（要素の数が10個の場合）。

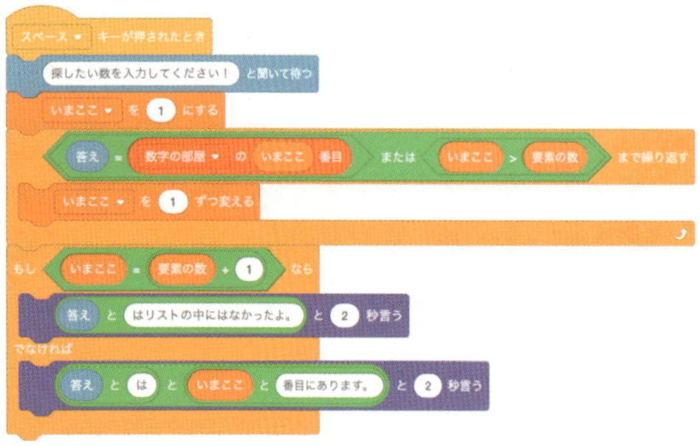

図10

手順9 さらに最後のせりふを変更します（図11）。数が見つからなかった場合（「いまここ」が「要素の数＋1」になってしまったとき。要素の数が10個の場合は11になったとき。）と見つかった場合（「いまここ」が要素の数以下だったとき。要素の数が10個の場合は10以下のとき。）に条件を分けて、せりふを変えています。

図11

問題点2：ユーザーが変な値（たとえば、文字や全角の数字や101以上の数）を入力しないようにしなければいけません。

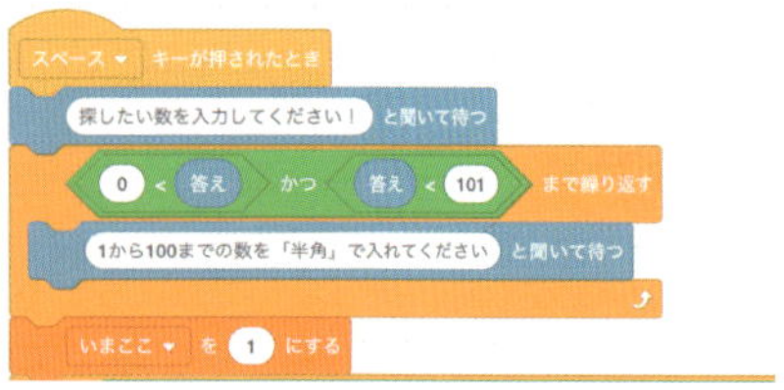

図12のようにプログラムを改造して、ユーザーが正しい数（1～100までの数）を入力するまで、なんども入力を促します。プログラムができたら、動作を確認してください。

※ 完成したプログラムは「sample6_1_2.sb3」という名前でダウンロード・コンテンツに収録してあります。

図12

> **プログラミングのポイント**
>
> **エラー処理**
> 　第3章のプログラミングのポイントでも触れたように、ユーザーはプログラマーの意図したデータを入力してくれるとは限りません。意図しないデータを入力したときのプログラムも用意しておく必要があります。

　以上で「線形探索」のプログラムができました。「線形探索」というのは、これまで見てきたように、前から順番に目的のデータを探していくアルゴリズムです。

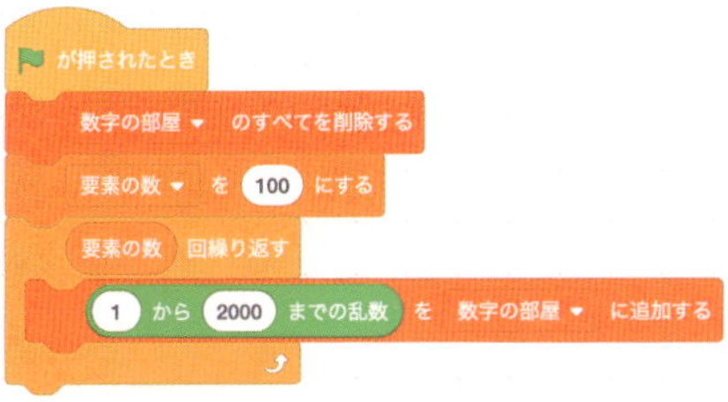

　リストを作るスクリプトの要素の数を変えて、もっと大きなリストでプログラムを実行してみましょう（図13）。要素の中に追加する数値も、できるだけ重ならないように変えます。

図13

6.2 一番小さな数を探すプログラム （最小値のサーチ）

　まずは、sample 6_2.sb3 を開いて動作を確かめてください。旗をクリックするリスト「数字の部屋」の各要素に 1 ～ 100 までの数値が入ります。スペースキーを押すとネコが「数字の部屋」の最小値を答えてくれます（図14）。

図14

　どのようなアルゴリズム（手順）にするとよいのかを一緒に考えながら、作っていきましょう。

やってみよう

手順1　まずは、リスト（配列）「数字の部屋」と変数「要素の数」を作ります（図15a、図15b）。

　「要素の数」には、「数字の部屋」にいくつ数を入れるのかが入ります。

図15a

図15b

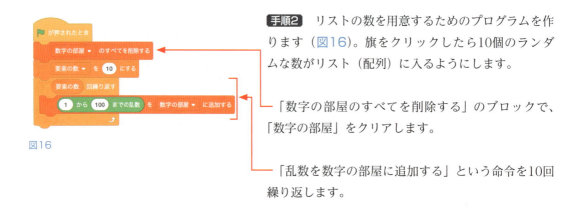

手順2 リストの数を用意するためのプログラムを作ります（図16）。旗をクリックしたら10個のランダムな数がリスト（配列）に入るようにします。

「数字の部屋のすべてを削除する」のブロックで、「数字の部屋」をクリアします。

「乱数を数字の部屋に追加する」という命令を10回繰り返します。

図16

何度か旗をクリックして動作を確認してください。※

※「要素の数を○にする」の中の数を変えることによって、「数字の部屋」の要素数が変えられるようになっています。

考えてみよう

どのような変数を用意して、どのようなアルゴリズム（手順）で処理を進めると最小値を探すことができるでしょうか。もちろん、「数字の部屋」を上から順番に一つずつ確かめていくしかないのですが……。もしも自力でできそうであれば、このあとの解説や答えを見ずにプログラムを作ってみてください！

最小値の求め方のアルゴリズムを考えてみましょう（図17）。

図17

では、このアルゴリズムを実装しましょう。第4章で学んだように、実装とは実際にプログラムを作ることでしたね。

図17を見るだけでもできそうですか。自分でできる場合は、次からの手順を読まずに自力でスクリプトを作るとよいでしょう。

図18a

手順3 二つの変数を作ります（図18a）。

「いまここ」は、いま何番目の数をチェックしているのかを入れておくための変数です。リストの添字が入ります。

「最小値」は、仮の最小値を入れておくための変数です。

作った変数を図18bのように整理して並べておくと見やすいですね。

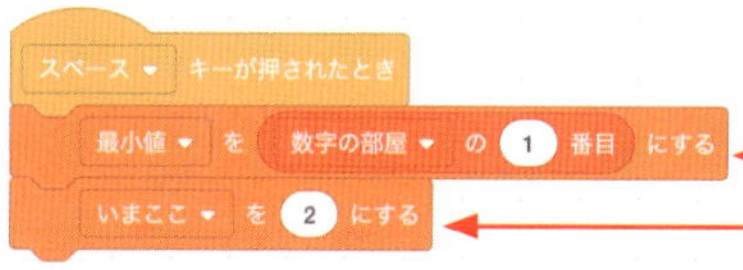

図18b

図19

手順4 図19のようにスクリプトを作ります。

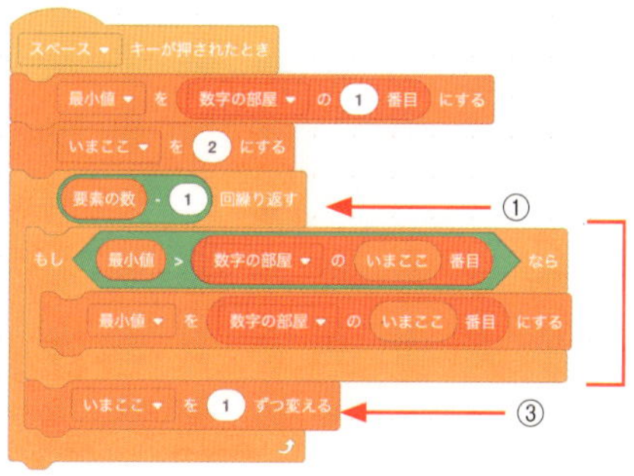

スペースキーが押されたら、数字の部屋の1番目の要素（数）を、変数「最小値」に入れます。

「いまここ」を2にして、2番目の要素からチェックを始めます。

手順5 スクリプトを追加します（図20）。
①チェックをするのは（1番目からではなく）2番目から最後の要素までです。そのため、繰り返しの回数は「要素の数−1」になります。

②「いまここ番目の要素（数）」が「最小値」に入っている数よりも小さければ、「最小値」を「いまここ番目の要素（数）」で置き換えます。

③次の繰り返しにいく前に「いまここ」を一つ増やし、次の要素を指すようにしておきます。

図20

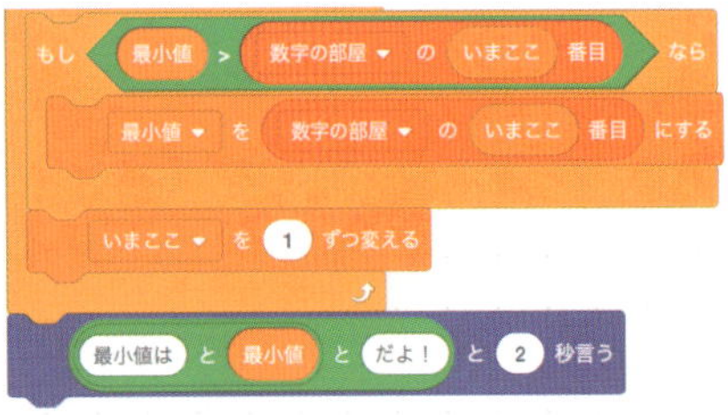

手順6 ネコのせりふを追加してスクリプトを仕上げます（図21）。

図21

手順7 これで完成です。旗をクリックしてリストを作り、スペースキーを押して動作を確認してください。※

※ スペースキーが効かなかったら、文字入力を「かな」から「英数」に切り替えてください。

プログラミングのポイント

繰り返し（初期化と更新）

繰り返しの処理は、次のような構造でプログラムを作ります。
① 初期化　繰り返しの処理に入る前に、関係するデータを最初の状態にセットします。
② 更新　次の繰り返しにいく前に、必要に応じてデータを更新します。

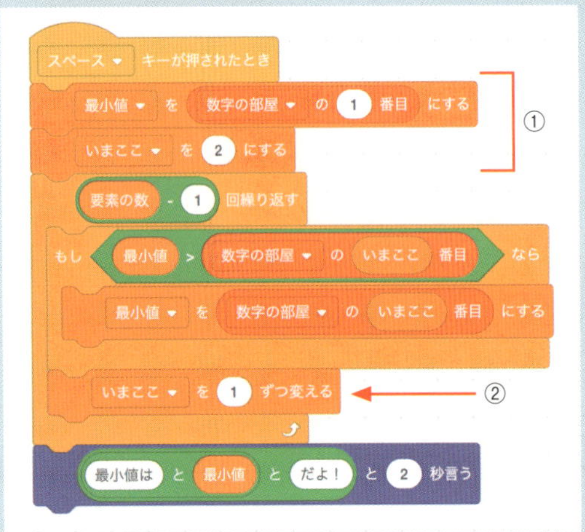

最小値を求めるプログラムでは図Aのようになっています。

①「最小値」と「いまここ」を初期化します。

②「いまここ」を更新して、次の繰り返しに備えます。更新は、このように、繰り返しの最後で行うことが多いです。

図A

「繰り返しの前に、何を初期値としてセットしておくべきか」「繰り返すたびに、何を更新すべきか」について、しっかりと見通しを立てることで正しく動作するプログラムが作れます。

> プログラミングのポイント

多様な正解

最小値を求めるアルゴリズムは今回紹介したものだけではありません。図Aと図Bにそれぞれ示すように、ほかにもさまざまな方法があります。一つの答えをだすのに、多様な方法があるのがプログラミングの面白いところです。

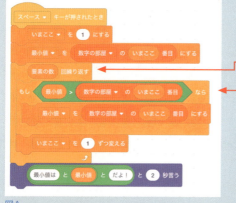

図Aの例では、「いまここ」を2ではなくて1から始めています。

1番目の要素からチェックを始めるので、繰り返しの回数は「要素の数－1」回ではなく、「要素の数」回になります。

1回目の繰り返しでは、最小値の入れ替えは起こりません。

※ すでに最初の要素が最小値に入っているので、「もし」のブロックはかならず「false」になります。

図A

図Bの例では、まず、仮の最小値を101にしています。

最初の繰り返しで、リストの最初（1番目）の数がかならず「最小値」に入ります。

※ 100より大きな数はリストにないので最初の数はかならず101よりも小さくなります。

「いまここ」は「1」から始まり、繰り返しは「要素の数」回になります。

図B

チャレンジ

6.2.c1 プログラムを改造して、最小値ではなく最大値を求めるプログラムにしよう。ただし、新しく「最大値」という変数を作る必要はありません。

図A

「最小値」の上で右クリック→「変数名を変更」で変数名を「最大値」に変えることができます（図A）。これで、スクリプトで使われている「最小値」のブロックは、すべて「最大値」に名前が変わります。

6.2.c2 プログラムをさらに改造して、最小値と最大値の両方を求めるプログラムにしよう。最後は次のようにスクリプトが話すようにします（図B）。

図B

6.2.c3 6.2.c2で作ったスクリプトで、要素の数を100、数字の部屋に追加する乱数を1から2000までに変えて実行してみましょう。

ステップアップ

6.2.s1 リストの数の平均よりも小さい数のなかで一番大きな数を求めるプログラムを作りましょう（図A）。

図A

MEMO

第7章 アルゴリズムその2 基本的なソート（並び替え）

|こ|の|章|で|学|ぶ|こ|と|

第6章では簡単なサーチのアルゴリズムを学びました。本章では、ソート（並び替え）のアルゴリズムを見ていきます。
ソートとは、リスト（配列）の中でバラバラに並んでいる数や文字を、順番に並び替えることです。このアルゴリズムを学ぶことにより、アルゴリズムを作るときの基本的な考え方やアルゴリズムを論理的に作る方法を理解できます。

> **この章で学ぶプログラミングのポイント** バブルソート、選択ソート、挿入ソート、アルゴリズムの評価

7.1 バブルソート（並び替え　その1）

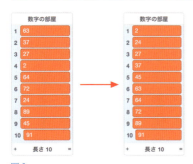

図1

冒頭で記したように、ソートとは、リスト（配列）の中でバラバラに並んでいる数や文字を、順番に並び替えることです（図1）。ここでは、ソートのアルゴリズムの一つ、バブルソートを学びましょう。

まずはサンプルのファイル（sample7_1バブルソート.sb3）を開いて動作を確認してください。

図2

旗をクリックすると、「数字の部屋」というリスト（配列）に、10個のランダムな数値が入ります（図2）。

キーボードのbを押すと、ソートが始まります。
※　半角で入力してください。

◆ バブルソートのアルゴリズム

バブルソートの考え方はとても単純です。「一つ上の要素と比較して、上のほうが大きければ交換する」という作業をします。

図3

この作業を、最後の要素から順番に実施します。比較と交換（入れ替え）を繰り返して、処理が最初の要素までくると、一番小さい数が一番上にあがってきます。これで1巡目の比較・交換が終わります（図3）。

リストの要素が10個の場合、1巡目の比較の回数は9回です。つまり、**要素がn個の場合、n−1回**となります。

150

図4

2巡目も、もう一度同じことを最後の要素から順番に行います（図4）。1巡目で一番上の要素が確定しているので、2巡目の比較と交換は上から2番目まで行います。つまり**1巡目よりも比較の回数が1回少ない**ということです。これで、二番目に小さい数が二番目にあがってきます。

3巡目でも、同じことを一番下の要素から順番に行います。比較と交換は上から3番目の要素までになります。つまり、**2巡目よりも比較の回数は1回少なくなります**。このように、巡が進むごとに比較の回数が1回ずつ減っていきます。これで、三番目に小さい数が三番目にあがってきます。

要素が10個の場合、9巡目まで行うと、リスト全体の中で小さい順に数値が並びます（図5）。9巡目が終わると上の九つが確定しています。ということは自動的に10番目も確定しているので、**10巡目は必要ありません。**

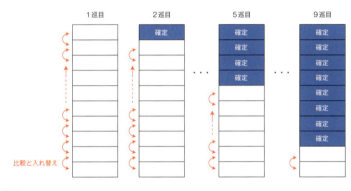
図5

このように、**要素がn個なら（n−1）巡目まで繰り返します。**

このアルゴリズムは、一番小さな数が、水から泡があがってくるように下から上のほうに浮かび上がってくるので、バブル（泡という意味）ソートといいます。

比較と交換の回数についてまとめます
- 1巡目の比較の回数は、リストの要素がn個ならn−1回。
（例：要素が20個のリストなら19回）
- 巡が進むごとに比較の回数は1回ずつ減っていく。
- 交換は上の数のほうが大きければ交換。
最悪の場合は比較のたびに毎回交換。運がよければ1回も交換しなくてもよい。
- リストの要素がn個ならn−1巡目まで繰り返す。
（例：要素が20個のリストなら19巡目まで）

やってみよう

では、上記のアルゴリズムを実装しましょう。

図6a

図6b

手順1 リスト（配列）「数字の部屋」と変数「要素の数」を作ります（図6a、図6b）。変数「要素の数」は、リスト（配列）「数字の部屋」の要素の数が入ります。

手順2 旗をクリックしたら10個のランダムな数がリスト（配列）に入るようにします（図7）。

―「数字の部屋」をクリアします。

―乱数を数字の部屋に追加する、という命令を10回繰り返します。

図7

旗をクリックして動作を確認してください。

考えてみよう

交換のアルゴリズム

図A

バブルソートには、リスト（配列）の要素を「交換」する作業があります。

バブルソートそのもののアルゴリズムについて考える前に、リスト（配列）の中の要素同士を交換するためには、どのようなアルゴリズム（手順）で処理をすればよいのかを考えてみましょう。

たとえば、図Aのリスト（配列）で添字8と添字9の要素（つまり67と12）を交換したいときはどうすればよいでしょうか。添字8の要素（67）を添字9の場所にいきなり入れると、添字9の要素（12）が上書きされて消えてしまいます。

二つのコップの中にそれぞれ牛乳と水が入っていて、その中身を（混ぜることなく）交換する場合と似ていますね。どのような手順にするとよいのか、下の答えを見る前に、自分で少し考えてみてください。

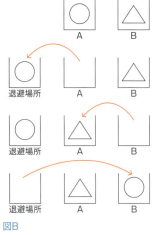

答：一時的に片方のデータを入れておける変数「退避場所」を用意して、次のようにすると交換できます（図B）。

変数「退避場所」にAのデータを入れる

AにBのデータを入れる

Bに「退避場所」のデータを入れる

図B

図8

手順3 では、「交換」のアルゴリズムを実装しましょう。まずは変数「退避場所」を作ります（図8）。

図9a

手順4 ソートのプログラムでは、リスト（配列）の要素同士を何度も交換します。交換の処理を何度も再利用できるように、定義（関数）「交換」としてプログラムを作ります（図9a）。

引数には要素の添字を送ります。一つめの要素の添字を「先」、二つめの要素の添字を「後」としています。

図9b

たとえば、7番目の要素と8番目の要素を入れ替えたいときは図9bのように呼びます。

上記のスクリプトができたら、スクリプトエリアに図9bのようなブロックを作って動作を確かめてください。リスト（配列）の要素同士が交換されていますか。引数をいろいろと変えて確認しましょう。

では、いよいよ、ソートのプログラムを作ります。

まずは1巡目を考えてみましょう。10番目の要素と9番目の要素を比較し、次に9番目と8番目、次に8番目と7番目……、と次々に比較し、それぞれ、上のほうが大きければ交換します。最後に、2番目と1番目を比較すれば終わりです。

図10

手順5 変数「いまここ」と「比較する回数」を作ります（図10）。
変数「いまここ」は、比較しようとしている要素の添字が入ります。
「比較する回数」は、それぞれの巡で比較をする回数が入ります。

手順6　次のスクリプトを作ります（図11）。このスクリプトはまだ完成ではなく、1巡目だけを行います。

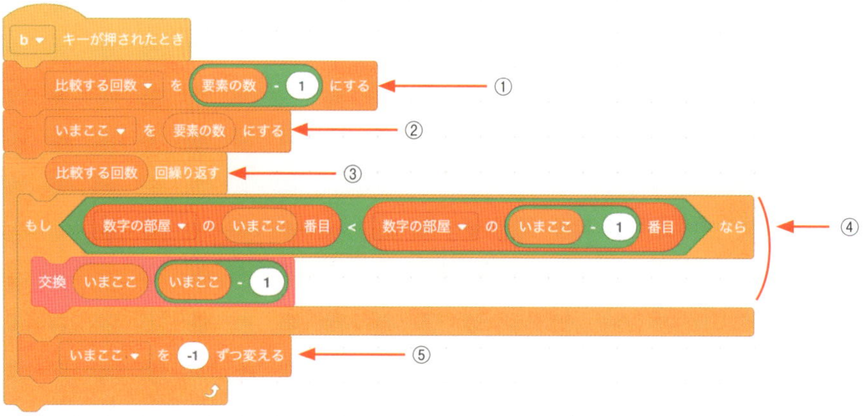

図11

①比較する回数は「n−1」、つまり「要素の数−1」です。（要素が10なら、9回）
②「いまここ」には、一番後ろの要素の添字を入れます。
　（要素の数が10のときは10が入るはずです）
③「比較する回数」分だけ繰り返します。（要素が10なら、9回）
④数字の部屋の「いまここ」番目のデータと「いまここ」の一つ上（「いまここ」−1）のデータを比較し、一つ上のほうが大きかったなら「交換」します。
⑤「いまここ」で指されている要素を一つ上にずらして、③に戻ります。

　スクリプトができたら、旗をクリックしてリスト（配列）を作り、bキーを押してソートの動作を確認してください。このスクリプトは1巡目だけなので、下から順番に比較されていって一番小さい数が一番上にいったところで終わります。

考えてみよう

　ここまでに作った1巡目のスクリプトにどんなブロックを追加すれば、2巡目、3巡目の処理ができるでしょうか。
　1巡目の処理を繰り返せばいいので、繰り返しのブロックが必要であることはわかりますね。ただし、2巡目の比較の回数は1巡目よりも1回少ないはず（一番上にはすでに一番小さい数が入っているからです）。同じように、3巡目は2巡目よりも比較の回数が1回少ないはずですね。

手順7 次のようにスクリプトを修正します（図12）。

手順6で作ったスクリプトの②から下を「要素の数−1回繰り返す」のブロックで包み、「比較する回数を−1ずつ変える」のブロックを繰り返しの最後に追加します

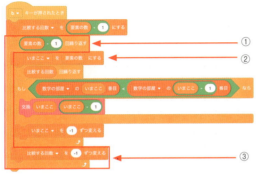
図12

①「要素の数−1」巡目まで繰り返します。

②内側の繰り返しを始める前に、「いまここ」に「要素の数」を入れます。つまり、それぞれの巡で、最後の要素から比較を始めます。

③次の巡に行く前に、比較する回数を1減らして、既に確定した要素を比較対象から外しておきます。

手順8 各変数を初期化するブロックを「旗が押されたとき」のところに追加しましょう（図13）。

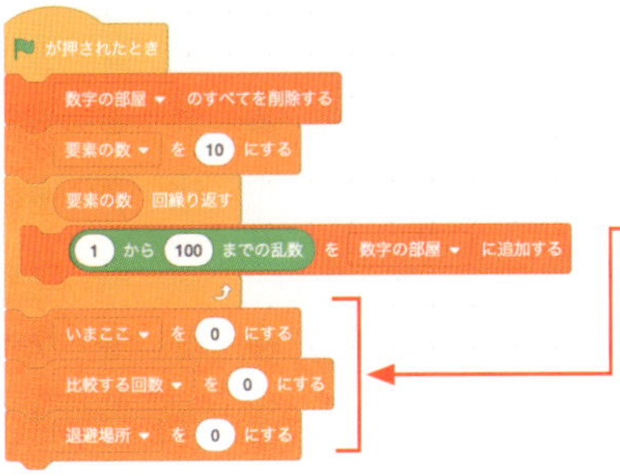

旗がクリックされたときのスクリプトの最後で、「退避場所」「比較する回数」「いまここ」を0にします。ついでに、退避場所を非表示にしてもいいでしょう。

図13

この初期化がなくてもプログラムは正しく動きますが、プログラムが始まったときに、関係のない数がこれらの変数に入っていないほうが望ましいですね。

以上で完成です。動作を確認しましょう。旗をクリックしてリスト（配列）を作り、bキーでソートします（図14）。

図14

このファイルはあとで別のソートを作るときに再利用するので自分の好きな名前をつけて保存しておきましょう。

◆ バブルソートのトレース

今回のように複雑なプログラムを作ったときは、本当にこれできちんと動くのかどうかを確認します。その方法として「トレース」があります。

トレースとは、プログラムの動作を紙に書き出しながら、動作を確認することです。バブルソートのトレースシート※をコピーして、次の説明に沿って実際にトレースをしながら、バブルソートの動作を理解しましょう。

※ トレースシートは本書のウェブページからダウンロードできます。

1	13
2	26
3	8
4	16
5	15
6	20
7	7
8	5
9	11
10	9

要素の数	比較する回数	いまここ

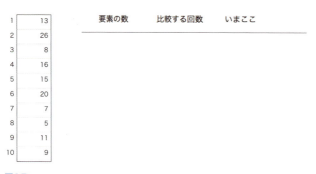

図15

まずは図15のように、プログラムで使用する変数の名前やリスト（配列）を並べて書きだします（今回、リストの中の数は適当に作りましたが、これと同じように書いてください）。トレースの途中で消すこともあるので、ペンではなく鉛筆で書きましょう。

それでは、順にプログラムをたどりながらトレースをします。

最初に旗をクリックしてリスト（配列）を作ったときに、「要素の数」に10が入るので（図16a）、表の「要素の数」のところに10を書きます（図16b）。

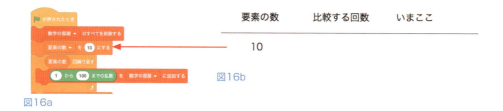

図16a

要素の数	比較する回数	いまここ
10		

図16b

トレースは、このように処理を追いながら、変数やリストに変化があったときに表に書き込みます。

bキーを押すとバブルソートが始まります。まず、「比較する回数」に「要素の－1」、つまり9が入ります。表に9を書き加えます（図17）。

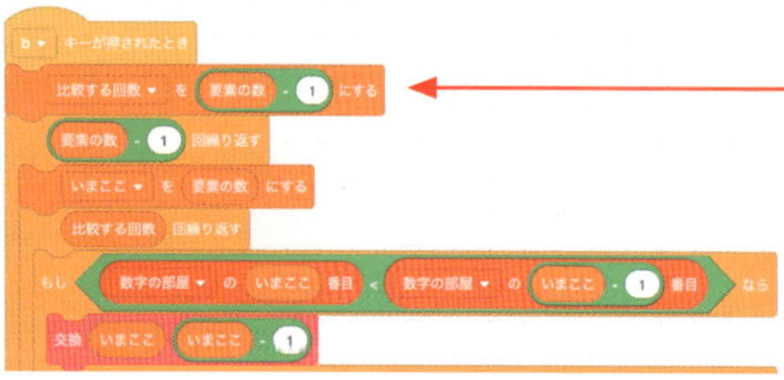

要素の数	比較する回数	いまここ
10	9	

図17

次に、外側の繰り返しに入ります。外側の繰り返しは、要素の数−1、つまり9回繰り返します（図18）。

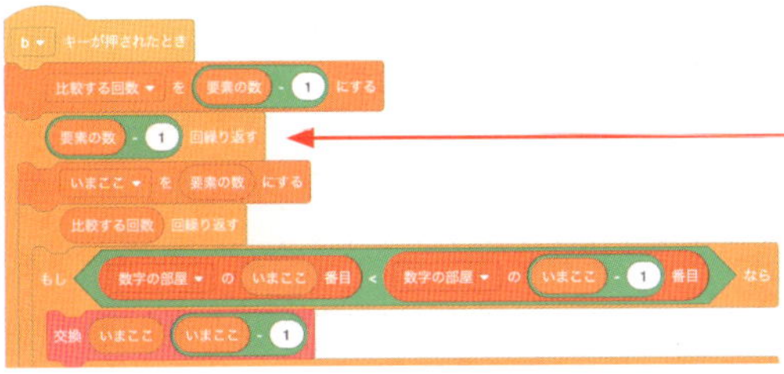

外側の繰り返しは9回繰り返します。次のように「正」の字を使って何度繰り返したかを記録します。すでに一回目の繰り返しに入っているので、横棒一本を加えておきます。繰り返しで処理がここに来るたびに正の字を書き加えるのを忘れないようにしましょう。

図18

繰り返しの回数（外）	繰り返しの回数（内）
9 一	

次に、「いまここ」に「要素の数」が入ります。表の「いまここ」の個所に「要素の数」である10を記入します（図19）。

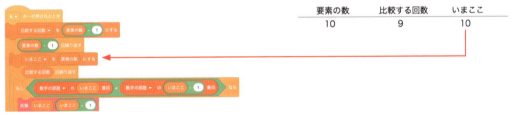

要素の数	比較する回数	いまここ
10	9	10

図19

図20

「いまここ」というのは、リスト（配列）の添字を表します。リスト（配列）の10番目のところを見て確認しましょう（図20）。

そのまま、処理は内側の繰り返しに移ります（図21a）。

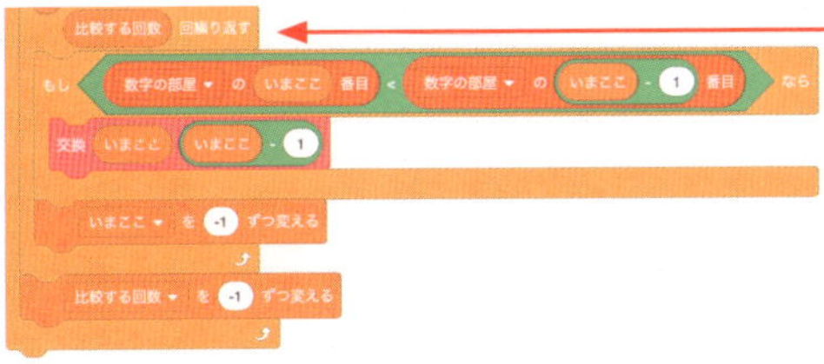

内側の繰り返しは「比較する回数」回繰り返します。

図21a

トレースの表を見ると、変数「比較する回数」は9になっています。したがって、「繰り返しの回数（内）」に9と書きます。一回目の繰り返しが既に始まっているので、「正」の字の一角目である横棒を一本加えます（図21b）。

繰り返しの回数（外）	繰り返しの回数（内）
9 一	9 一

図21b

処理は内側の繰り返しの一回目に入ります（図22）。

図22

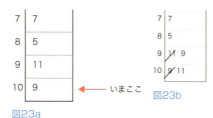

図23a　← いまここ　　図23b

「いまここ」の要素と「いまここ－1」の要素が比較されます。トレースの表を見ると「いまここ」は10なので、10番目と9番目の要素を比べます（図23a）。

9<11なので、関数「交換」が呼ばれて、10番目と9番目が交換されます。図のようにリスト（配列）の要素を書きなおします（図23b）。

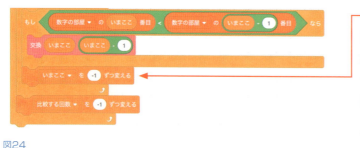

図24

処理はその次に移ります。「いまここ」を1減らします（図24）。変数の中身を変更するときは、線で消してその下に書き直します。

要素の数	比較する数	いまここ
10	9	1̶0̶
		9

これで、「いまここ」は9番目の要素になりました。

以上で、一回目の比較・交換が終わりました。

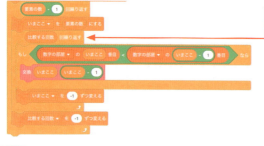

図25

内側の繰り返しが最後まで来たので、処理は内側の繰り返しの先頭に戻ります。二回目の繰り返しの始まりです（図25）。トレース表の繰り返しの回数（内）の正の字をひとつ増やします。

繰り返しの回数（外）　　繰り返しの回数（内）
　　　9 一　　　　　　　　　9 Ⓣ

次は比較です。トレース表を見ると「いまここ」は9なので、9番目と8番目が比較されます（図26）。

9<5ではないので関数「交換」は呼ばれません。トレースシートにはとくに書き込むことはありません。

図26

そのまま、処理が図の矢印部分に移ります。（図27a）。「いまここ」を1減らします（図27b）。

要素の数	比較する回数	いまここ
10	9	10̸
		9̸
		8

図27a　　図27b

これで内側の繰り返しの二回目は終わりです。処理はふたたび、内側の繰り返しの先頭にきます。同様にして、内側の繰り返しの9回目が終わるまでトレースを続けていってください。スクリプトのどこを処理しているのかを見失わないように注意しましょう。

内側の9回目の繰り返しの、交換が終わった時点でトレースは次のようになっているはずです（図28）。

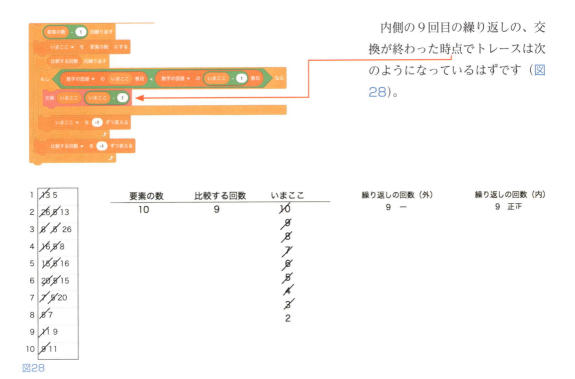

図28

第7章 アルゴリズムその2 基本的なソート（並び替え）

そして、つぎに処理が移ると「いまここ」が1減ります。この時点で内側の繰り返しは9回目を終えて、内側の繰り返しは終了です（図29）。

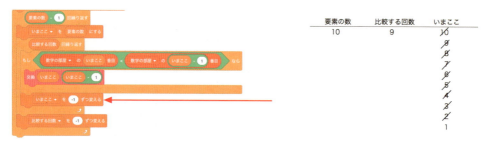

図29

図30

内側の繰り返しが9回とも終わったこの時点で、1番目の要素は決定です。トレースシートで、1番目の要素である5を○で囲みましょう（図30）。

内側の繰り返しがすべて終わったので、処理がその次に移ります（図31a）。トレースシートの「比較する回数」を1減らします（図31b）。これで外側の繰り返しの一回目（1巡目）が終わりです。

図31a

図31b

外側の繰り返しが最後まで来たので、今度は処理が外側の繰り返しの最初に戻ります（図32a）。そして、外側の繰り返しの二回目（2巡目）が始まります。下の図のように「繰り返しの回数（外）」の正の字を増やすのを忘れないようにしましょう（図32b）。

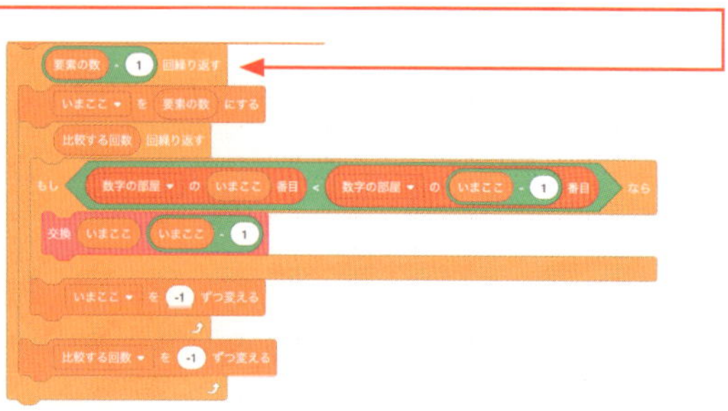

図32a

図32b

「いまここ」が「要素の数」、つまり10になります（図33a）。トレースシートの「いまここ」を書き換えてください（図33b）。そして、再び内側の繰り返しが始まります。

図33a

図33b

「いまここ」が10になったので、またリスト（配列）の最後から処理を始めます（図34）。

図34

内側の繰り返しの回数は「比較する回数」、つまり8です。そのため、トレースの表の「繰り返しの回数（内）」に8と書き加えます（図35）。

繰り返しの回数（外）	繰り返しの回数（内）
9 ー	9 正正
	8 ー

図35

1巡目と同様に、内側の繰り返しのたびに「正」の字を書き加えていきます。すでに2巡目の1回目の繰り返しが始まっているので、8のとなりに一本横棒を引くのを忘れないように。

1巡目と同様に、2巡目をトレースしていってください。しばらくトレースを続けて、2巡目の8回目の内側の繰り返しが終わった時点で（図36a）、次ページのようになっているはずです（図36b）。

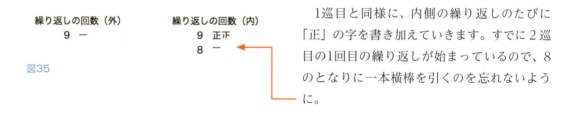

図36a

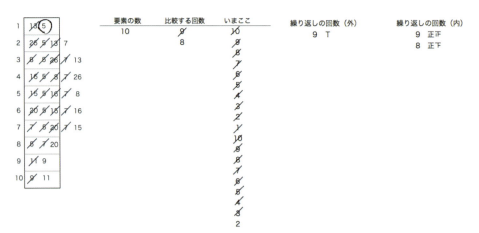

図36b

さらにトレースを続けてください。外側の繰り返しが3巡目に入り、処理がこの矢印のところまで来ると（図37a）、次のようになります（図37b）。

図37a

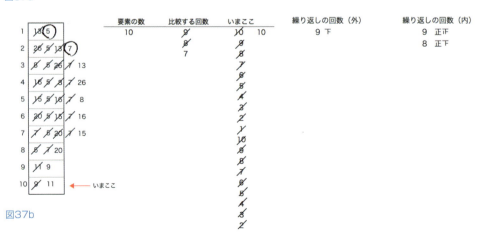

図37b

あとは同様に続けていくだけです。誌面の都合上、トレースの様子はここまでしか掲載できませんが、一度最後まで自分でやってみてください。

※ 最後までトレースをした答えは、本書のウェブページからダウンロードできます。

> **プログラミングのポイント**
>
> **トレース**
> 　複雑なプログラムを作ったときは、実行する前に、繰り返しの回数が思い通りの回数になっているか、変数やリストの中身は思い通りに制御できているかを確かめるためにトレースをします。また、プログラムが自分の思い通りに動かないときにも、トレースをすればどこをなおせばよいのかがわかります。
>
> **トレースのポイント**
> ・必要な変数やリストはすべて書きだす。
> ・繰り返しの回数を記録する場所を作る（Scratchの場合。言語によっては必要ない）。
> ・一つずつブロックをたどりながら、変数や繰り返しの変化を書きだしていく。

7.2　選択ソート（並び替え　その2）

選択ソートはバブルソートと同様に、リスト（配列）の中の数値を並び替えるプログラムです。

まずはサンプルのファイル（sample7_2選択ソート.sb3）を開いて動作を確認しましょう。旗をクリックするとリスト（配列）の中にランダムな数値が入ります。

sキーを押すと選択ソートが始まります（図38）。

バブルソートのスクリプトも入っています。旗をクリックしてbキーを押すとバブルソートが始まります。

図38

◆ 選択ソートのアルゴリズム

選択ソートのアルゴリズムは次の通りです。

リスト（配列）の最初の要素に注目します（図39）。2番目以降の要素のうち一番小さい値を見つけて、それが最初の要素より小さければ交換します。これで最初の要素は一番小さな数になります（1巡目）

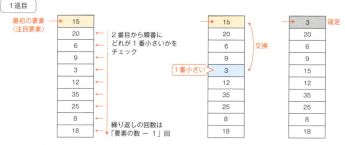

図39

次に、2番目の要素に注目します（図40）。3番目以降の要素の中で一番小さい値を見つけて、それが2番目の要素より小さければ交換します。これで、2番目の要素は2番目に小さな数になります（2巡目）。

図40

3巡目以降も同様に同じことを繰り返します（図41）。

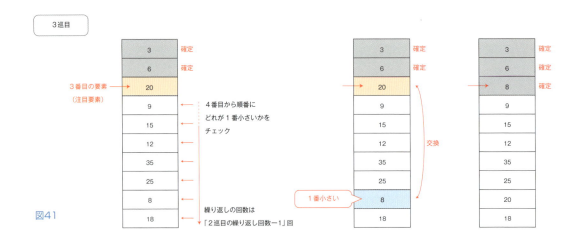

図41

9巡目（要素の数がnのときはn−1巡目）まで繰り返すと、すべての要素が並び替えられます。それぞれの巡の中で、一番小さい数を「選択」して先頭の要素と入れ替えるので「選択ソート」といいます。

◆ 最小値の見つけ方

選択ソートのそれぞれの巡での最小値の見つけ方について、もう少し詳しく見てみましょう。第6章の最小値の見つけ方のアルゴリズムと同じですが、第6章とは違って、要素そのものを仮の最小値として記録するのではなく添字を記録します（図42）。

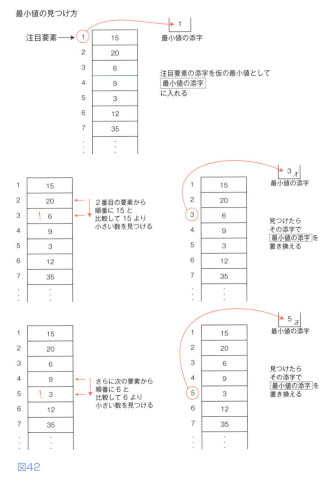

このように、より小さい数を見つけるたびに「最小値の添字」を書き換えていくことで、最後の要素まで比較が終わるころには、「最小値の添字」には最も小さい数の添字が入っていることになります。あとは、注目要素と、最小値の要素を交換するだけです（図43）。

図42

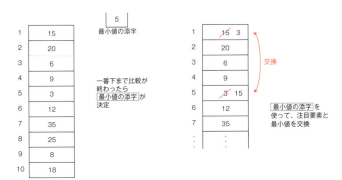

図43

選択ソートの比較と交換の回数についてまとめます。

- リストの要素がn個のとき、1巡目の比較の回数はn−1回（例：要素が20個のときは19回比較）。
- バブルソートのときと同じように、巡を追うたびに比較の回数が1回ずつ少なくなっていく。
- 交換の回数は、それぞれの巡で最後に1回だけ（ここがバブルソートと違う）
- リストの要素がn個のとき、n−1巡目まで繰り返す。

考えてみよう

図A

163ページからの選択ソートの説明を読みながら、自分でプログラムを作ることに挑戦してみましょう。

sキーが押されたときに「選択ソート」が始まるようにします（図A）。

次の二つのスクリプトはバブルソートと同じものを使います（図B、図C）。この選択ソートのプログラムは、新たにゼロから作るのではなく、バブルソートで作ったプログラムに追加していくとよいでしょう。

図B

図C

もしも、先ほどバブルソートを作ったファイルが手元になければ「prac7_2選択ソート.sb3」というファイルを開いて使ってください。使用する変数やリスト（配列）は次の通りです（表A）。

表A

種類	名前	説明
リスト	数字の部屋	並び替える数値を入れておくリスト（配列）
変数	退避場所	定義「交換」の中で使用。交換のときの退避場所
変数	要素の数	リスト（配列）「数字の部屋」の要素の数
変数	注目要素	それぞれの巡で、最初の要素の添字
変数	比較する回数	それぞれの巡で、要素が一番小さいかどうかを比較する回数。1巡目はn−1回。巡を追うごとに1ずつ減っていく
変数	いまここ	比較しようとしている要素の添字
変数	最小値の添字	比較をしているときに、一番小さい要素の添字が入る

考え方のヒント

図D

バブルソートと同じように、一巡目、二巡目……という「巡」があります。これは繰り返しのブロックを使って実装します。さらに、それぞれの巡の中で、「最小値かどうか」という比較が繰り返されます。これも繰り返しのブロックを使って実装します。したがって、図Dのように繰り返しの入れ子になるはずです。

やってみよう

リストを用意したり交換のスクリプトをゼロから作ったりすると大変なので、さきほどバブルソートで作ったプログラムにプログラムを追加していきます。

※ 先ほどバブルソートを作ったファイルが手元になければ、「prac7_2選択ソート.sb3」というファイルを開いて使ってください。

図44

手順1 変数「注目要素」と変数「最小値の添字」を追加します（図44）。

「注目要素」は、それぞれの巡で最初の要素の添字を入れておくための変数です。2巡目だったら2番目の要素なので2、3巡目だったら3番目の要素なので3になります。

「最小値の添字」は、最も小さい要素の添字を入れておくための変数です。

「比較する回数」は、1巡目、2巡目……と繰り返すにつれて、1ずつ減っていきます。

手順2 次のようにスクリプトを作ります（図45）。

スクリプトができあがったら、次の節で挿入ソートを作るときに使うので、あとで読んで中身がわかる名前をつけて保存しましょう。

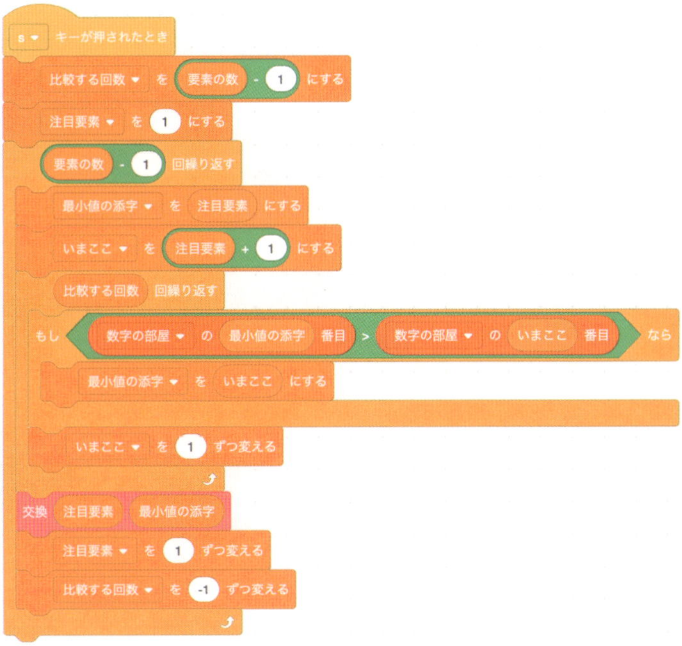

図45

作成したスクリプトについて、次の説明を読みながら理解を深めていきましょう。このスクリプトには「外側の繰り返し」と「内側の繰り返し」があります。まずは全体を把握してから、それぞれの繰り返しの中で何をしているのかを見ていきます。

まずは、スクリプトの全体像を把握します（図46）。

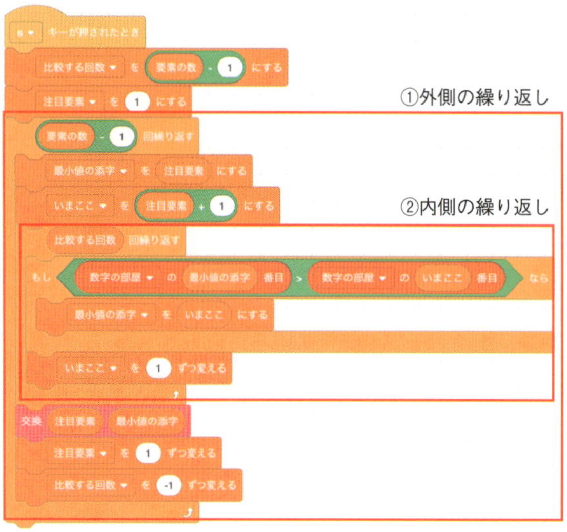

スクリプトは、①「外側の繰り返し」と②「内側の繰り返し」で成り立っています。

①「外側の繰り返し」は、1巡目、2巡目……の繰り返しを表します。

②「内側の繰り返し」は、それぞれの巡の中で行う処理です。順番に最小値かどうかをチェックしていき、最小値だった場合はその要素の添字を変数「最小値の添字」に入れます。内側の繰り返しが終わった時点で、注目要素と最小値を交換します。

図46

次に、①「外側の繰り返し」と②「内側の繰り返し」で、それぞれどんな処理をしているのかを見ていきましょう。

外側の繰り返しを始める前の準備のスクリプトは次の通りです（図47）。

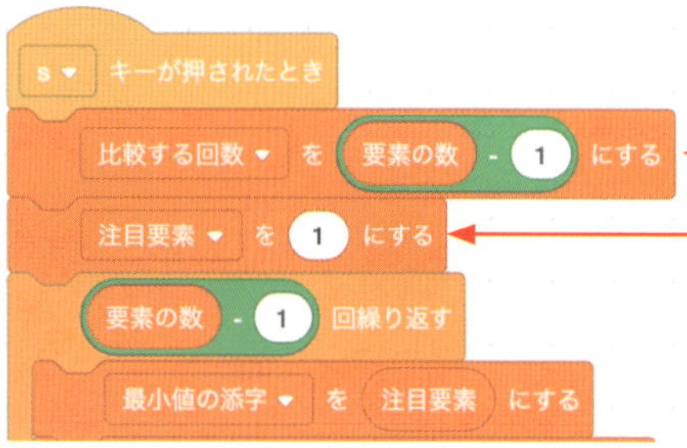

初期化をしています。1巡目に比較する回数は「要素の数−1」です。

注目要素を1（最初の要素）にします。

図47

外側の繰り返しのスクリプトを詳しく見ていきましょう（図48）。

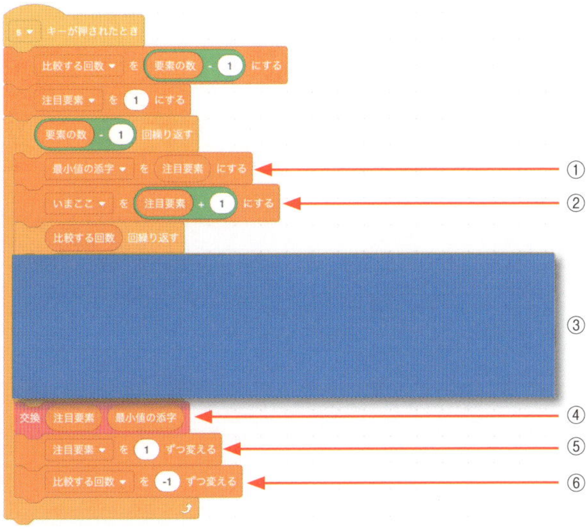

①注目要素を「仮の」最小値にしておきます。
②「いまここ」を注目要素の次の要素にします。
③内側の繰り返しが終わると、「本当の」最小値の添字が変数「最小値の要素」に入っているはずです。
④注目要素と最小値を交換します
⑤⑥注目要素を一つ後ろにずらし、比較する回数を1回減らしてから次の繰り返しに進みます。

図48

次に、内側の繰り返しのスクリプトを詳しく見ていきましょう（図49）。

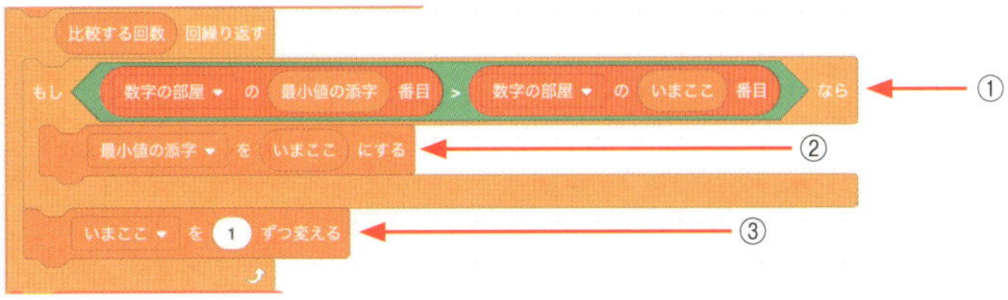

図49

①「最小値の要素」と、「いまここ」の要素を比較して、「いまここ」の要素のほうが小さければ
②「最小値の要素」を「いまここ」の添字で置き換えます。
③「いまここ」を1ずつ変えながら最後の要素まで順番に最小値ではないかどうかをチェックしていきます。

内容の理解ができたら、何度もプログラムを実行して本当に並び替えられているかどうかをチェックしてみましょう。

チャレンジ

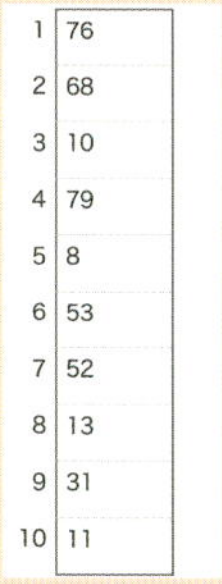

7.3.c1 トレースシートを使って選択ソートのトレースを行い、選択ソートの動作を理解しましょう。

- リストの中身は自分で適当な数を書くとよいのですが、解答例は図Aのリストでトレースしましたので、あとで解答を確認したい場合はこの例でトレースをするとよいでしょう。
- バブルソートと比較したいときは、バブルソートのトレースで使ったものと同じ数のリストでトレースするとよいでしょう。

図A

7.3 挿入ソート（並び替え　その3）

図50

これまでのソートと同様に、サンプルファイル（sample7_3挿入ソート.sb3）を開き、旗をクリックして始めます（図50）。

iキーを押すと挿入ソートをします。
bキーを押すとバブルソートをします。
sキーを押すと選択ソートをします。

挿入ソートは、リストの整列済みの部分に対して、新たな要素を適切な位置に挿入するという操作を繰り返します。

図51a

(1) 4<10 なので 10 を右に移動させて 4 を先頭に挿入

図51b

図51aのようなリスト（配列）を考えます。最初の10はすでに整列済みであるとみなします。

※ スペースの都合上、リスト（配列）が縦ではなく横になっています。左側が先頭です。

(1) 2番目の要素（4）を新たな要素とします。新たな要素（4）を最初の要素（10）と比較します。4のほうが小さいので10を右に移動させて4を先頭に挿入します。これで2番目までが整列済みになります。（1巡目、図51b）

(2) 4<6、6<10なので10を右に移動させて6を2番目に挿入

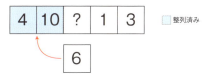

図51c

(3) 1<4、1<6、1<10なので4、6、10を右に移動させて1を先頭に挿入

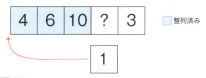

図51d

(4) 1<3、3<4、3<6、3<10なので4、6、10を右に移動させて3を2番目に挿入

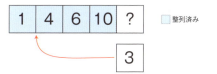

図51e

(5) おわり

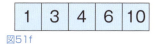

図51f

（2）3番目の要素（6）を新たな要素とします。新たな要素を、整列済みの要素の右から順番に比較していきます。新たな要素よりも小さな要素（4）が見つかった時点で、その右側に新たな要素を挿入します。これで3番目までが整列済みになります。（2巡目、図51c）

（3）以下、同様に比較・挿入を繰り返します。3巡目は図51dの通りです。

（4）4巡目は図51eのようになり、最後の並び替え結果は図51fのようになります。

以上のように、挿入ソートも、リストの要素がnのときはn−1巡目まで処理を行います。

挿入ソートでも比較と交換が行われています。

・比較の回数は1巡目は1回です。2巡目から1回ずつ増えていきます。毎巡、最悪の場合は後ろから始めて最初の要素まで比較をしなければいけません。最悪の場合というのは、先頭にいくまで挿入箇所が見つからなかった場合です。したがって、1巡目の1回から始めて、2巡目、3巡目になるにつれて1回ずつ比較の回数が増えていき、最後の巡にはn−1回の比較をすることになります。これはバブルソートや選択ソートと同じです。

・しかし、これは最悪の場合であって、実際は挿入する箇所が見つかった時点でその巡の比較が終わるので、バブルソートや選択ソートよりも比較の回数は少なくなります。

やってみよう

最初から作成すると大変なので、バブルソート、選択ソートを作成したファイルに追加して作ります。なければ「prac7_3挿入ソート.sb3」を使ってください。

挿入ソートで使用するデータは表1の通りです。

表1

種類	名前	説明
リスト	数字の部屋	並び替える数値を入れておくリスト（配列）
変数	退避場所	定義「交換」の中で使用。交換のときの退避場所
変数	新たな要素	整列済みの次の要素の添字が入る（3番目まで整列済みなら4が入る）
変数	いまここ	最後尾要素と比較しようとする要素の添字が入る

図52

手順1 変数「新たな要素」を追加します（図52）。

挿入ソートで使用するのは、「いまここ」「新たな要素」「退避場所」の三つだけです。

考えてみよう

上記のアルゴリズムの説明を見て、iキーを押すと挿入ソートが実行されるプログラムを自分で組めますか。下の解答を読む前に一度挑戦してみましょう！

手順2 挿入ソートは、次のようにスクリプトを作ります（図53）。

図53

チャレンジ

7.3.c1 トレースシートをコピーしてトレースを行い、挿入ソートの動作を理解しましょう。
- 自分の好きな数をリストに入れてトレースをするとよいのですが、解答例では図Aのリストを使っています。
- バブルソートや選択ソートと動作を比較したいときは、これまでのトレースで使ったものと同じリストでトレースするとよいでしょう。

図Bのブロックが表すのは、「いまここ」番目の中に入っている数（要素）です。添字ではないので混乱しないようにしましょう。

1	40
2	33
3	89
4	68
5	22
6	58
7	82
8	55
9	35
10	11

図A

図B

ステップアップ

7.3.s1　バブルソート、選択ソート、挿入ソートのそれぞれのソートでは、「小さい順（昇順）」で並び替えをしました。逆に、「大きい順（降順）」に並べることはできますか。作業中のファイルがある場合は、あとで使うために名前をつけて保存してから、「prac7_3ステップアップ.sb3」を開き、プログラムを改造してみよう。

7.4 どのアルゴリズムがよいのか？（アルゴリズムの評価）

よいアルゴリズムとは、できるだけ早く結果がでるアルゴリズムのことです。プログラムで実行される命令の数（Scratchでは実行されるブロックの数）が少なくなるほど、結果が出るまでの時間は短くなります。

7.4.1. アルゴリズムの計測

バブルソート、選択ソート、挿入ソート、それぞれのソートにどれだけの時間がかかるのかを実際に計測してみましょう。

ここでは、先ほど作成した挿入ソートのファイルで続きの作業を行います。手元にファイルがなければ「prac7_4時間計測1.sb3」を使ってください。

※ この章の完成版は「sample7_5時間計測1.sb3」というファイルで用意しています。

計測は次の条件で行います。
「要素を2000個並び替える。それぞれの要素は1〜10000までのランダムな数値」

図54のようにスクリプトを変更します。ただし、このまま旗をクリックすると、リスト（配列）を作るのにものすごく時間がかかります。

※ 旗をクリックしてしまった場合は「止める」ボタンで止めましょう。

処理に時間がかかる理由は、新しく要素をリスト（配列）に入れるたびに、画面上のリスト（配列）の絵の中の「数字の部屋」の絵の中を描画しているからです。そこで、次のようにすると本来のスピードで処理が実行されます。

図54

① 要素を作っている間は、リスト（配列）を非表示にする。
② ターボモードにする※。

※ ターボモードというのは、描画を省略するかわりに計算の速度をあげる、というモードです。詳しくは次ページの Scratchの操作 「ターボモード」を参照。

図55

① 図55のように、「リスト数字の部屋を隠す」「リスト数字の部屋を表示する」のブロックを、要素を作る処理の前後に追加し、要素を作っている間はリスト（配列）を非表示にします。

図56

②：メニューバーの「編集」→「ターボモード」でターボモードにします（図56）。

これでスピードがあがりました。旗をクリックして動作を確認します。

Scratchの操作

図A

ターボモード
描画を省略するかわりに計算の速度をあげる、というモードのことです。メニューバーの「編集」→「ターボモード」で選択します（図A）。

ソートにかかる時間の計測をするためには、タイマーのブロックを使います。手順は次の通りです。
① タイマーをリセットする（0に戻す）
② ソートする。
③ ソートが終わったタイミングで、変数「かかった時間」にタイマーの数値を入れる。
④ 変数「かかった時間」を画面に表示する（ネコに言わせる）。

やってみよう

図57

手順1 変数「かかった時間」を作ります（図57）。

手順2 図のようにブロックを追加します（図58a）。

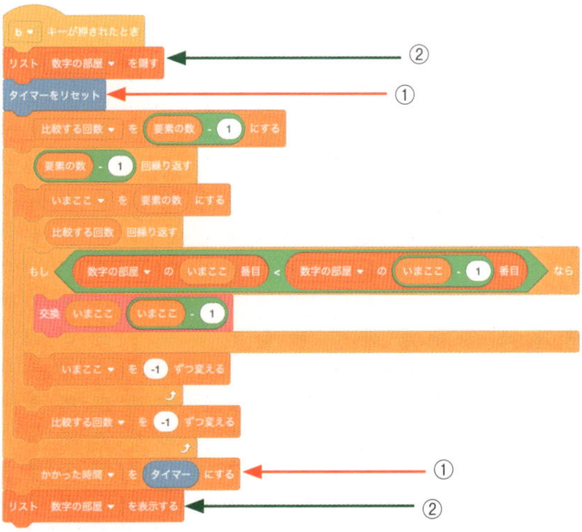

①ソートの前でタイマーをリセットし、ソートが終わったらタイマーの中身を変数「かかった時間」に入れます。

②ソートをしている間はリスト（配列）を非表示にして、ソートが終わったらリスト（配列）を表示します。ソート中にリストを表示していると、リストの描画に余計な時間がかかるためです。

図58a

「要素の数」と「かかった時間」以外の変数を非表示にしておきます。その理由は、変数の中身を描画しなおすのにも時間がかかるのですが、それぞれのソートで使用する変数の数が違うので変数を表示したままだとかかる時間に誤差が生じます。この誤差をなくすためです（図58b）。

図58b

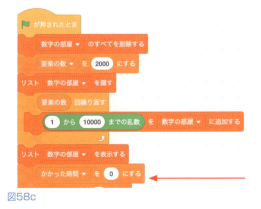

リスト（配列）を作成する際に、「かかった時間」を初期化（0にする）するのを忘れないようにしましょう（図58c）。

図58c

手順3 挿入ソート、選択ソートも同様に、ソートの前後に「リストの非表示・表示」、「タイマーによる時間計測」のブロックを追加します（図59a、図59b）。

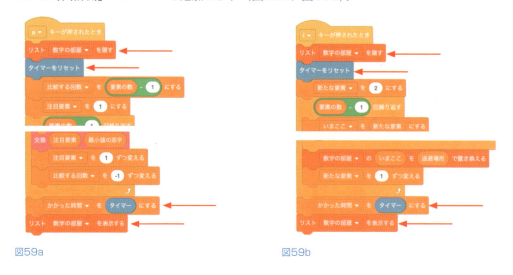

図59a　　　　　　　　　　　　　　　　　図59b

以上で完成です。

「旗をクリックしてリスト（配列）を作る　→　○○ソートを実行」すると、それぞれのソートにかかった時間が表示されます。場合によっては時間がとてもかかるので、結果が出るまで気長に待ってください。

※ 使用しているパソコンの性能によってかかる時間が変わります。あまりにも時間がかかりすぎるようでしたら（2〜3分以上）、旗をクリックしたときにリストに入れる要素の数を減らして（2000個ではなく、1000個, 500個など）時間計測をしてください。

それぞれのソートを3回ずつ実行してかかった時間を記録し、3回の平均を比較してみてください。どのソートが速いですか。また、それはなぜでしょう。

三つのソートの速さがなぜ違うのかについての理論的な説明はこのあとの、7.5「アルゴリズムの評価を理論的に考える」で説明します。少しむずかしいので、とばしても構いませんが、興味があれば読んでみてください。

7.5 アルゴリズムの評価を理論的に考える（ビッグオー記法）

ソートのアルゴリズムは、要素同士の「比較」と「交換」の回数が少ないほど、処理にかかる時間が短くなり、並び替えが早く終わります。

プログラムの実行にかかる時間は、与えられたデータによって変わってきます。

- 最悪の場合　そのアルゴリズムにとって最も時間のかかるデータが与えられたとき
- 最良の場合　そのアルゴリズムにとって最も時間のかからないデータが与えられたとき
- 平均の場合　上記の中間

たとえば、挿入ソートですでに並び替えがほぼできているようなデータをソートする場合は、要素同士をほとんど「比較」しなくてもよいでしょう。これは最良の場合です。逆に、並び替えがほとんどできていないようなデータをソートする場合は「比較」の回数が多くなります。これは最悪の場合です。

◆ バブルソート

考え方は単純なので理解しやすいアルゴリズムです。ただし、比較と交換の回数が多くてあまり効率的ではありません。

たとえば、要素が10個のときは、比較の回数は、9回から始めて巡を追うごとに1回ずつ減っていき、9巡目まで処理をするので、9+8+7+6+5+4+3+2+1です。

これは $\dfrac{(9+1) \times 9}{2} = 45$ です。

要素が20個のときは、19+18+ … +1で、$\dfrac{(19+1) \times 19}{2}$ です。

つまり、要素がn個のときには、$\dfrac{\{(n-1)+1\} \times (n-1)}{2}$ になります。

この式を整理すると、$\dfrac{1}{2}n^2 - \dfrac{1}{2}n$ です。これは比較の回数を表す式ですが、交換の回数についても、最悪の場合は比較のたびに交換しなければならないので同じ回数、つまり同じ式の、$\dfrac{1}{2}n^2 - \dfrac{1}{2}n$ になります。したがって、比較と交換の回数をあわせると、$\dfrac{1}{2}n^2 - \dfrac{1}{2}n$ の2倍ということになりますから、要素がn個のとき、$n^2 - n$ 回となります。

さて、この式をどう考えるかです。要素の数nがとても大きな数になったとき（たとえば、10000など）、式全体の中で大きな影響力を持つ項はn^2です。それに比べると項nは大したことではありません。

　これは、例えていうなら、博多駅から東京駅まで電車で行き、そこから歩いて５分程度の丸の内まで行くのにどれだけの時間がかかるかを考えるようなものです。式に表すと**「電車に乗る時間」＋「歩く時間」**です。この式の二つの項のうち、旅行にかかる時間に大きく影響するのは「電車に乗る時間」です。時速80kmの普通の各駅停車に乗るか時速260kmを超える新幹線に乗るかで、旅行全体にかかる時間は数時間レベルで大きく変わります。

　それに比べて「歩く時間」は、どれだけ頑張って歩いたとしても全体としてかかる時間はせいぜい１分変わるかどうかです。ということで、旅行全体にかかる時間を「おおまか」に考えるときは「電車に乗る時間」という項で判断します。

　同じように、アルゴリズムの効率を考えるときには、「電車に乗る時間」のように、全体に対して圧倒的な影響をもつ項で判断します。それがn^2の項なのです。n^2に注目すると、要素の数（つまり、n）が10倍になったら比較と交換の回数はざっくり100倍になることがわかります。

　コンピューターサイエンスでは、n^2のところに注目して、$O(n^2)$と表します。これは、ビッグオー（Big O）記法と呼び、要素の数が増えれば増えるほど、かかる時間が要素の数の二乗に比例して増えていくという意味です。そのためバブルソートは、要素の数が増えるほどに、加速度的に遅くなっていきます。

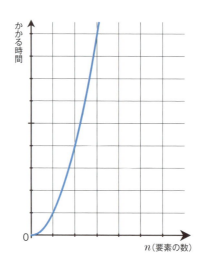

◆ 選択ソート

比較の回数はバブルソートと同じです。しかし、交換の回数は、最小値と注目要素を交換するだけですので、一つの巡につき1回です。要素がn個のときは、バブルソートと同じく、$\frac{\{(n-1)+1\} \times (n-1)}{2}$が比較の回数ですが、交換の回数は$n-1$回です。この二つを足して式を整理すると、$\frac{1}{2}n^2 + \frac{1}{2}n - 1$になります。

だいたい、バブルソートの半分くらいの時間ですみます。このアルゴリズムでは、大きな影響を与える項は$\frac{1}{2}n^2$なので、ビッグオー表記で表すと$O(n^2)$です。ビッグオー表記では項の係数$\frac{1}{2}$は省略します。これは、ビッグオーが、「要素が何倍になればかかる時間がだいたい何倍になるか」を知るためのものだからです。たとえば、要素が10個から100個、つまり10倍になったときにかかる時間は、

$\frac{1}{2}n^2$を使うと$\frac{1}{2} \times 10 \times 10$と$\frac{1}{2} \times 100 \times 100$とで100倍だと求められますが、係数である$\frac{1}{2}$を除いた$n^2$でも同じように100倍だと求められます。

◆ 挿入ソート

挿入ソートでは、すでに整列が済んだ部分に対して後ろから順に注目要素と比較していきます。注目要素よりも小さい数が見つかった時点で比較が終わります。

元々の並び方がほとんどソートされた状態では、比較と交換の回数は少なくなります。逆に、ほとんどソートできていない状態だと、比較と交換の回数が多くなって遅くなります。

挿入ソートの効率は、まったくソートされてない数の列をソートする場合はバブルソートと同じで$O(n^2)$です。要素の数が10倍になればかかる時間は100倍になります。

逆に、ほとんどソートされた状態だったら、比較と交換の回数は各巡にそれぞれ1回だけになります。つまり、要素がnのときは$(n-1)+(n-1)$です。これは$2n-2$なので$O(n)$となります。要素数が多いときは格段に速くなります。試しに、一度ソートが済んだリスト（配列）に対して、もう一度iキーを押して挿入ソートをしてみてください。すぐに処理が終わるはずです。

第8章 アルゴリズムその3　すすんだソート（並び替え）

|この|章|で|学|ぶ|こ|と|

第7章で取り扱った三つのアルゴリズム、バブルソート、選択ソート、挿入ソートよりも飛躍的に速いソートアルゴリズムがあります。本章では、シェルソートとクイックソートを紹介します。第7章がまだの読者は、さきに第7章を済ませてから本章を始めてください。

> **この章で学ぶプログラミングのポイント**　ソート（並び替え）、アルゴリズムの評価

　本章で学ぶ2種類のソートであるシェルソートとクイックソートについては、自分で作るとかなり時間がかかるので、「sample8_1全部入り.sb3」というファイルに完成したプログラムを用意しています。このファイルには、シェルソート、クイックソート、バブルソート、選択ソート、挿入ソートという5種類のソートのプログラムが入っています。それぞれ「要素が2000個、それぞれの要素は1〜10,000までのランダムな数値」というリスト（配列）を作ってソートをします。

※ 自らシェルソートとクイックソートのスクリプト作りに挑戦したいという読者もいるでしょう。そういう読者の方のために作成用のファイル「prac8_1シェルクイック.sb3」もダウンロードコンテンツとして用意しています。

8.1 シェルソート（並び替え　その4）

　数の並びを「一定間隔おき」に複数の固まりにわけて、それぞれの固まりで挿入ソートをします。これを間隔を詰めながら繰り返して、全体的に少しずつソートされた状態に近づけていきます（図1）。

図1

やってみよう

サンプルファイル（sample8_1全部入り.sb3）のファイルを開きます。ターボモードにしてから旗をクリックして数のリストを作り、hキーを押すとシェルソートが始まります。

シェルソートは次のようなスクリプトです（図2a、図2b、図2c）。たいへん複雑なので自分で作る必要はありません。興味がある読者は挑戦してみてください。

図2a　　　　　　　　　　図2b

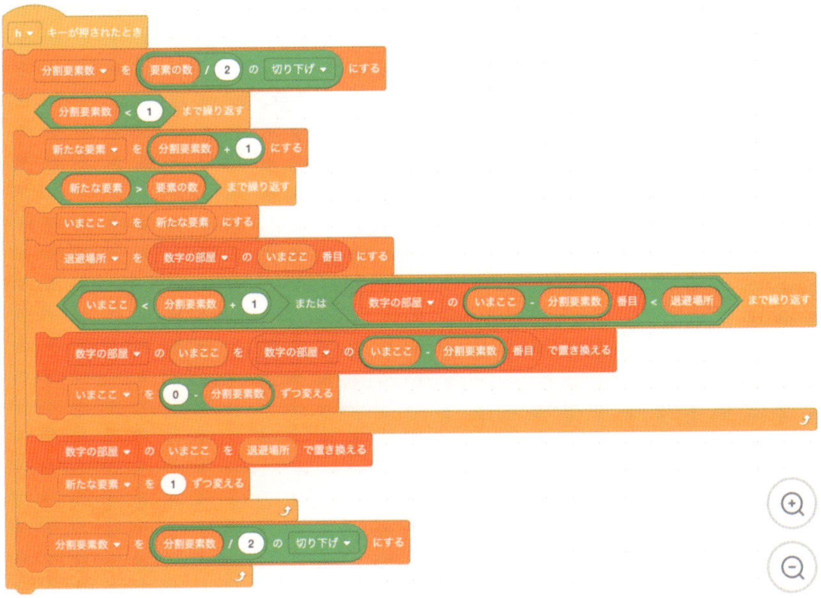

図2c

ステップアップ

8.1.s1　シェルソートをトレースしてみましょう。トレースをすることでプログラムの動作がよくわかります。

8.2 クイックソート（並び替え　その5）

　基準となる値よりも大きい数同士、小さい数同士の集まりに分けます。集めた固まりの中で、同じことを繰り返していきます。これまでに出てきたソートの中で最も速いソートです。

　基準となる値（軸要素という）の選び方は、次に示すように、いろいろあります。
1. 先頭の値
2. 列の中でランダムに選ばれた値
3. 列の中で選んだランダムな三つの値の平均
4. 列の真ん中にある値

　図3に示すのは、列全体の半分（列のほぼ真ん中）の位置にある値を軸要素に選んだ場合の例です。

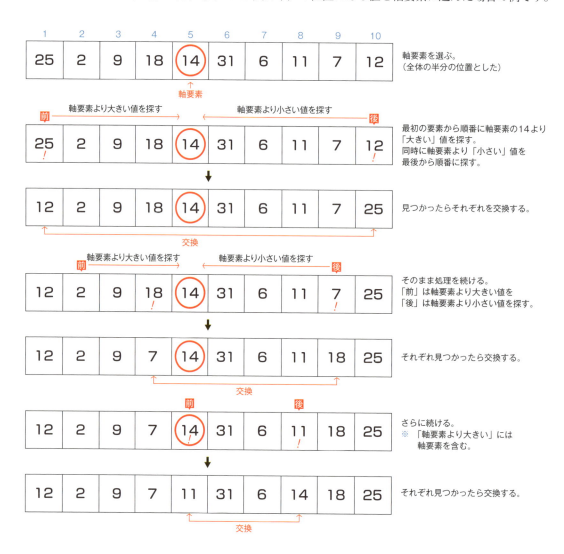

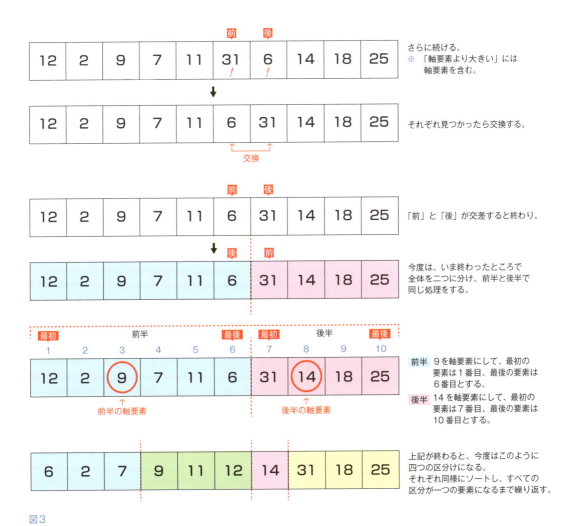

図3

やってみよう

サンプルファイル（sample8_1全部入り.sb3）を使います。旗をクリックしてリストを作り、qキーを押すとクイックソートが始まります。この際、ターボモードにするのを忘れないようにしてください。

※ バブルソート、挿入ソート、選択ソートと比べると、格段に短い時間でソートが終わります。実際に確かめてみてください。

クイックソートのスクリプトは次の通りです（次ページの図4）。シェルソートと同様に、とても複雑ですので自分で作る必要はありませんが、興味がある読者はスクリプト作成に挑戦してみてください。また、より詳しい解説や仕組みの確認用のプログラムをダウンロードコンテンツに掲載していますので、興味があればご覧ください。

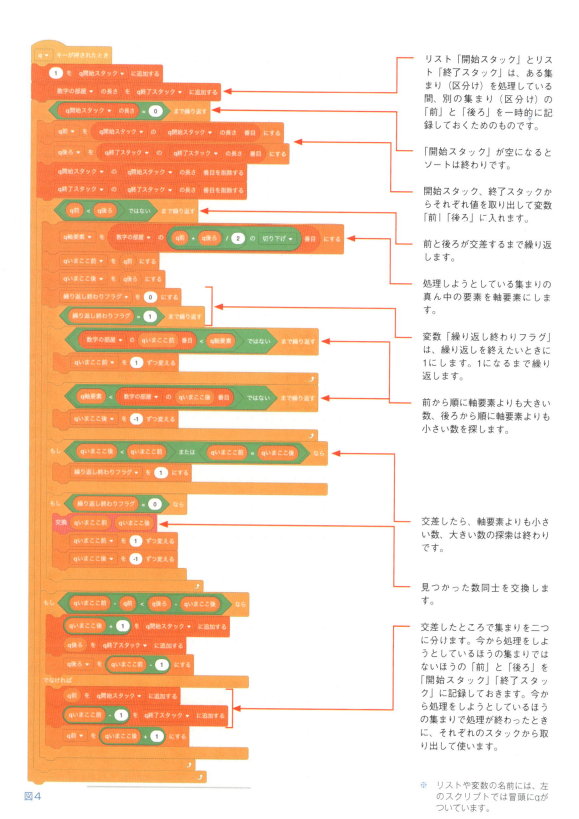

図4

8.3 アルゴリズムの測定（アルゴリズムの評価）

バブルソート、挿入ソート、選択ソートと同じように、シェルソートとクイックソートの時間計測もしてみましょう。

第7章と同様に時間計測ができるファイルを用意しています。サンプルファイル（sample8_3時間計測2.sb3）を開いてください。シェルソート、クイックソート、それぞれを実行してかかった時間を記録し、バブルソート、選択ソート、挿入ソートの記録とくらべてみてください。

クイックソートはもっと多くの要素を素早く並び替えることもできます。試しに、要素を30,000、乱数を1～100,000にしてみてください。バブルソートで30,000個の要素を並び替えようとするとかなりの時間がかかりますが、クイックソートだと非常に早く処理が終わります。

8.4 アルゴリズムの評価を理論的に考える（ビッグオー記法　その2）

第7章でも学んだように、ソートのアルゴリズムは、要素同士の「比較」と「交換」の回数が少ないほど、処理にかかる時間が短くなり、並び替えが早く終わります。

第7章で学んだように、プログラムの実行にかかる時間は、与えられたデータによって変わってきます。

- 最悪の場合　そのアルゴリズムにとって最も時間のかかるデータが与えられたとき
- 最良の場合　そのアルゴリズムにとって最も時間のかからないデータが与えられたとき
- 平均の場合　上記の中間

シェルソートの評価

シェルソートは挿入ソートを改良したアルゴリズムです。

普通の挿入ソートでは、悪い並び方でリスト（配列）が与えられた場合、隣り合う要素同士を何度も比較したり交換したりしながら並び替えをすることになります。とくにリスト（配列）の後ろのほうの小さな数の要素を前のほうに挿入する場面では、比較と交換の回数がかなり多くなってしまいます。

ところが、シェルソートの場合は、挿入ソートのように隣同士の要素ではなく、最初に大きな間隔で比較と交換をするため、一度の比較と交換によって、小さい要素は一気に列の先頭のほうに、大きい要素は一気に後ろのほうに寄せられます。シェルソートは間隔を詰めながら挿入ソートを繰り返していきますが、最後の挿入ソートは、数が大まかに並んだ状態で始まります。挿入ソートのところで確かめたように、ほぼ並び終わった列に対して、挿入ソートは大変高速です。

シェルソートは平均として$O(n^{1.25})$程度の計算量になります。要素の数が大きくなるほど、挿入ソートとくらべて効率が飛躍的によくなっていきます。

クイックソートの評価

クイックソートは、軸要素と要素の大小を比較するだけなので、比較の回数が少なくて済みます。クイックソートの計算量は平均として$O(n \log n)$になります。

第9章 クローン

この章で学ぶこと

本章では「クローン」の使い方について学びます。クローンとは、プログラムの中でスプライトが自分自身のコピーを作る仕組みです。ゲームを作るときなどによく使われます。

この章で学ぶScratchの操作　　クローン

9.1 落ち物ゲーム、再び（クローンの使い方）

第4章で作った落ち物ゲームでは、落ちてくるモノの数に限りがありました。しかし、クローンを使えば、いくつでも好きなだけ落とせるようになります。

図1

まずはサンプルのファイル（sample9_1.sb3）を開いて、動作を確認しましょう（図1）。

旗をクリックして始めます。キーボードの矢印キーでネコを動かして、上から落ちてくるボールを拾いましょう。

第4章のゲームとは少し違って、ネコは、真ん中、左、右、の3ヶ所しか動きません。右にいるときに→を押すと画面の左に行きます。ボールが拾えなかったらミス。10個ミスするとゲームオーバーです。

10秒毎にボールの速さが速くなっていきます。いくつボールを拾えるかな？

Scratchの操作

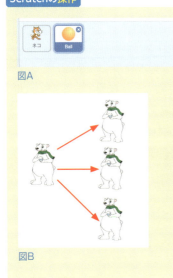

図A

図B

クローン

画面右下に注目してください（図A）。Ballのスプライトは一つしかありません。いくつもボールが落ちてくるのに、なぜスプライトは1つしかないのでしょうか

それはクローンという仕組みをつかっているからです。

クローンは、自分と同じコピーを作る仕組みです。少し厄介なのですが、作られたコピーのこともクローンと呼びます（図B）。

・コピーを作る仕組みのことをクローンといいます。
・作られたコピーのこともクローンといいます。
・作られたクローンには、クローン元のスプライトのスクリプト（プログラム）も一緒にコピーされます。

図C　図D

クローンは、「制御」グループに三つのブロックが用意されています（図C、図D）。真ん中の「自分自身のクローンを作る」というのが、クローンを作るブロックです。自分自身だけでなく、他のスプライトのクローンを作ることもできます。

図2

クローンの仕組みを理解するために、別のサンプルファイル（sample9_1_2.sb3）を開いてみましょう（図2）。

旗をクリックすると、クローンが次々と作られます。それぞれのクローンは同じ動きをします。

図3

スクリプトを見ていきましょう（図3）。最初にスクリーンに表示されていたネコ（コピー元のスプライト）は、旗がクリックされると、2秒毎にクローンを作ります。5回繰り返すので5つのクローンが作られます。注意点は、最初のネコはまったく動かず、ひたすらクローンを作り続ける、という点です。

図4

クローンされたネコでは「クローンされたとき」のブロックが実行されます（図4）。

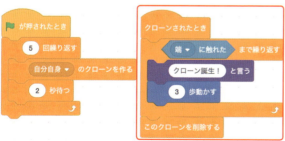
図5

クローンのネコでは、左側の「旗が押されたとき」というスクリプトは実行されません（図5）。

端に触れるまで3歩ずつ歩いていきます。その後、「このクローンを削除する」という命令で、このクローンはステージから消されます。

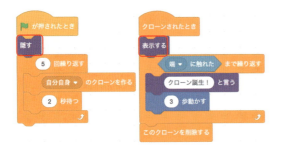

図6

また、図6のように、最初のネコを「隠す」ブロックで隠しておくこともできます。

クローンされたときに「表示する」ようにしておくと、何もないところからネコがどんどん出てくるように見えます。「隠す」「表示する」のブロックを追加して動きを確かめてみてください。

ちなみに、右側のスクリプトから「このクローンを削除する」のブロックをはずすとどうなるでしょうか。「このクローンを削除する」のブロックをはずして動作を確かめてみてください。

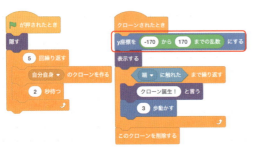

図7

図7のようなこともできます。これは、クローンを表示する前に、適当なy座標に移動させてから表示します。ブロックを追加して、動作を確かめてみてください。（「このクローンを削除する」のブロックをつけ忘れないように）。

図8

もうひとつ別のサンプルファイル（sample9_1_3.sb3）を開きましょう（図8）。

旗をクリックすると、次々とクローンが作られます。ただし、さきほどと違うのは、それぞれのクローンごとにIDが割り当てられているということです。

図9a

図9b

このプログラムには二つの変数があります（図9a）。

このうち、変数「製造番号」はグローバル変数（すべてのスプライト用）ですが、変数「ID」はローカル変数（このスプライトのみ）として作りました（図9b）。

図10

このように「このスプライトのみ」の変数を作ったとき、スプライトがクローンされると、それぞれのクローンが別々に「ID」という変数をもちます（図10）。変数名は同じでも、お互いのIDはまったく別ものです。

このプログラムの仕組みは次の通りです（図11）。

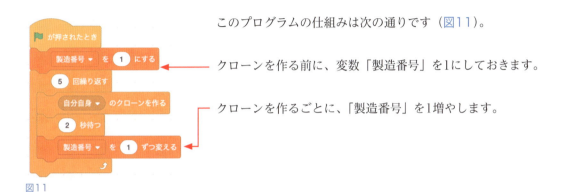

クローンを作る前に、変数「製造番号」を1にしておきます。

クローンを作るごとに、「製造番号」を1増やします。

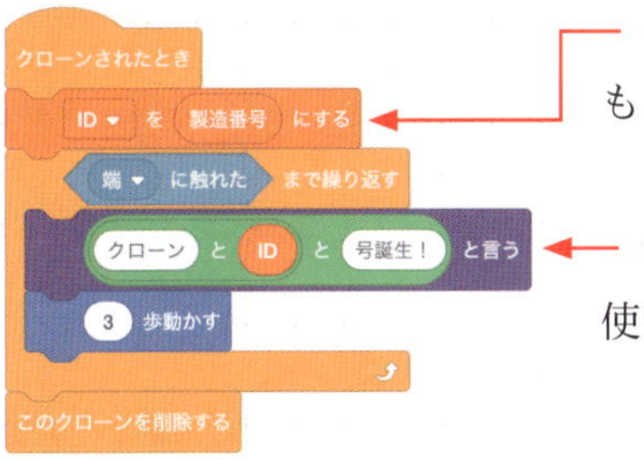

図11

クローンされたときに、そのときの変数「製造番号」を自分のもっている変数「ID」に入れます（図12）。

せりふを言うときは、自分の変数「ID」に入っている番号を使います。

図12

こんなふうに、ローカル変数の仕組みを使うと、クローンごとに違う動作をさせることができます。

クローンの仕組みの説明は以上です。いまからsample9_1.sb3で確かめた落ち物ゲームを作っていきます。

やってみよう

サンプルファイル（prac9_1.sb3）を開いてください。このファイルを使って作業をすすめていきます。ファイルには、基本的なスクリプトがすでに入っていますが、Ballのスプライトのスクリプトはまだ作っていません。

図13

変数は「スピード」「ミス」「得点」の三つを用意しています（図13）。

スピードは非表示にします。「スピード」の変数には、下向きに落ちていくBallのスピードが入ります。

図14

ステージには図14のようなスクリプトを用意しています。旗がクリックされると、それぞれの変数とタイマーが初期化され、「ゲームスタート」というメッセージが送られます。

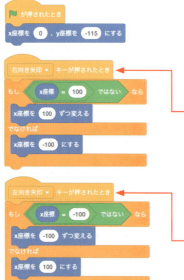

図15

ネコにはすでに図15のようなスクリプトが組まれています。

ネコは、矢印キーによって三カ所の地点（x座標が−100, 0, 100）を行ったり来たりします。

「右向き矢印キーが押されたとき」のブロックでは、ネコのx座標が−100か0のときは100右に行きます。ネコのx座標が100、つまり一番右にいるときにさらに右向き矢印キーを押すと−100（一番左）に移動します。

左向き矢印キーについても同様です。

図16

Ballのスプライトには、ステージから「ゲームスタート（のメッセージ）を受け取ったとき」と「クローンされたとき」のブロックだけを用意しています（図16）。

考えてみよう

次の説明に沿って、Ballのスプライトにスクリプトを作ってみましょう。このすぐあとに手順を掲載していますが、できるだけ見ないでやってみましょう

ゲームスタートを受け取ったとき
1. Ballを隠します。最初のボールはひたすらクローンを作ることが役目だからです。
2. 0.5秒おきに自分自身のクローンを作り続けます。

クローンされたとき
1. クローンを最初の出現位置に移動します。
   y座標は153です。x座標は乱数を使って、−100, 0, 100のいずれかの位置にします。
   （ヒント：−100, 0, 100はそれぞれ、−1×100, 0×100, 1×100と考えることができます）
2. クローンを表示します。
3. 画面の下まで、変数「スピード」の速さで落とします。
4. もしネコにあたったら、変数「得点」を1増やして、クローンを削除します。
5. 画面の下まで行ってしまったら、変数「ミス」を1増やします。もしも変数「ミス」が10を超えたらゲームオーバー。すべてを止めます。そうでなければ画面の下までいったクローンを削除します。

手順1 まず、次のようにスクリプトを組みます（図17）。

旗をクリックして、動作を確認しましょう。

図17

手順2 このままではボールの速さが変わらないので、「ゲームスタートを受け取ったとき」のほうのスクリプトで、タイマーが10秒を超えるごとに、Ballの落ちるスピードを変えます（次ページの図18）。スクリプトが始まったとき、変数「スピード」は−5です。これを減らしていくことでスピードが速くなります。

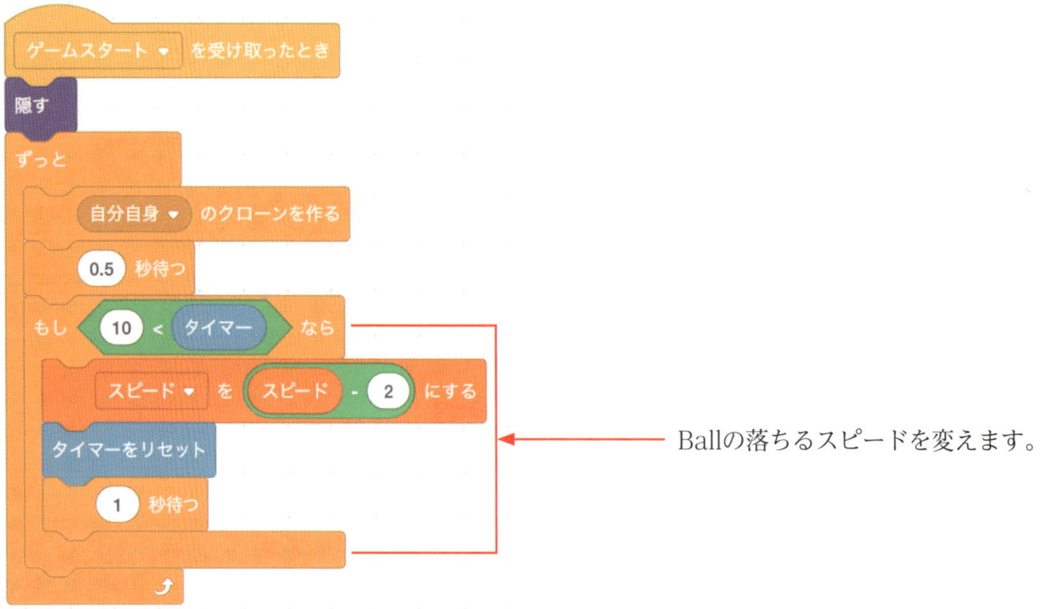

図18

手順3 あとは、背景の絵を変えたり、音を入れたり、Ballが一番下まで行ったときにBallのコスチュームを変えたりするだけです。自分なりにいろいろと手を加えてください（図19）。

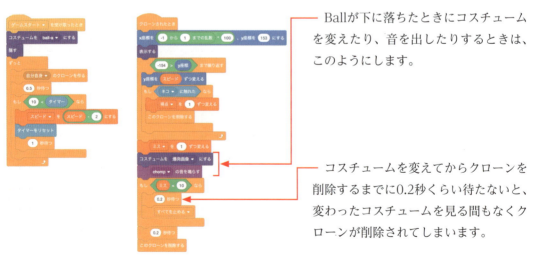

図19

Ballのコスチュームの爆発の絵は「爆発画像.png」というファイルを用意しています。これを使うか、あるいは自作してもよいでしょう。既存の画像は、コスチュームの「コスチュームをアップロード」ボタンで読み込めます。

ステップアップ

図A

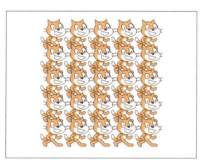

図B

9.1.s1　旗を一回クリックするだけで、図Aのようにネコのクローンを作って等間隔に並べるスクリプトが作れますか。

ヒント：Sample 9_1_3.sb3で使ったIDの仕組みを使います。製造番号は0から始めます。IDに入った数値を使って場所を決めます。

9.1.s2　では、図Bのように並べるスクリプトが作れますか。

9.2 シューティングゲーム（クローンを使ったスクリプトの作成）

図20

落ち物ゲームだけでなく、クローンを使うとシューティングゲームなども作れます。サンプルファイル（sample9_2.sb3）というファイルを開きましょう（図20）。

旗をクリックしてスタートします。

ロケット：矢印キーで左右に動かします。スペースキーでレーザー発射します。押し続けると連射します。

上から彗星が落ちてくるので、あたらないようにかわして撃ち落とします。

彗星から下の建物を守りましょう。建物が全部なくなるとゲームオーバー。ロケットは2機しかありません。ロケットがなくなってもゲームオーバーです。

このサンプルについては、一つずつスクリプトの解説をすると長くなるので、クローンの部分だ

け解説しておきます。それ以外のスクリプトについては、sample9_2.sb3を見ながら自分なりに理解を深めてください。ゼロから自分で作りたい方は、サンプルプログラムのフォルダーに「9_2 シューティングゲーム用素材」というフォルダーがあります。そこに、必要な素材ファイルを用意していますのでお使いください。

レーザー（弾）は、このようなスクリプトになっています（図21）。

旗がクリックされると非表示になり、非表示のままずっと「宇宙船」（ロケット）について行きます。

スペースキーが押されると、発射音を鳴らしてクローンを作ります。

クローンが作られると、クローンが表示されます。そのまま画面の上まで飛んでいき、画面の上まで行くと、このクローンは削除されます。

図21

彗星はこのようなスクリプトです（図22、次ページの図23）。

彗星が出現する間隔（彗星出現時間）を5秒にします。出現数を0にします。

「隠す」で非表示にします。

自分自身のクローンを作り続けます。2個出現するごとに、彗星出現時間が短くなっていきます。それまでの出現時間の0.8倍です。ただし、0.8秒以下にはなりません。

図22

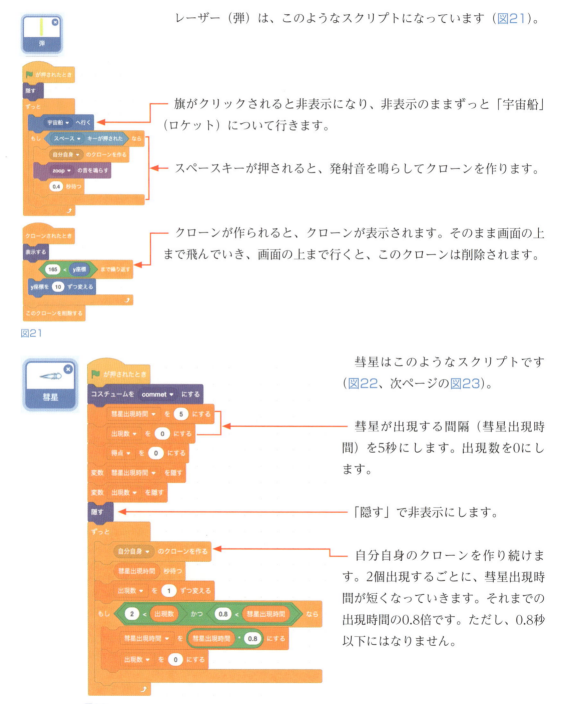

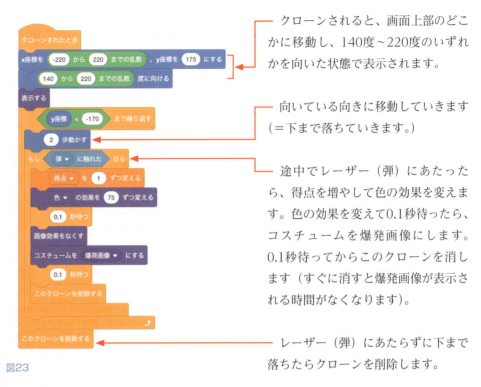

図23

― クローンされると、画面上部のどこかに移動し、140度～220度のいずれかを向いた状態で表示されます。

― 向いている向きに移動していきます（＝下まで落ちていきます。）

― 途中でレーザー（弾）にあたったら、得点を増やして色の効果を変えます。色の効果を変えて0.1秒待ったら、コスチュームを爆発画像にします。0.1秒待ってからこのクローンを消します（すぐに消すと爆発画像が表示される時間がなくなります）。

― レーザー（弾）にあたらずに下まで落ちたらクローンを削除します。

ステップアップ

クローンを使うといろいろなゲームが作れます。上や下からだけでなく、右や左から何かが飛んできたり、画面のあちこちにクローンがでてきたりするようにできます。

9.2.1　sample 9_2.sb3をいろいろと改造してみよう。
　　　アイデアの例：星が壁を跳ね返る。
　　　　　　　　　　bキーを押すと、一定時間建物の上にバリアができる。

9.2.2　クローンを使ってゲームを作ってみよう。
　　　アイデアの例：右からやってくる敵キャラをジャンプしてよける。
　　　　　　　　　　上から落ちてくる絵のタイミングに合わせてキーを押す。

（このステップアップに解答はありません）

クローンについてさらに理解を深めたい方に向けた資料を、ダウンロードコンテンツに用意しています。

付録 1

Scratchアプリ

　Scratchのサイトは、パソコンやタブレットがインターネットにつながっていなければアクセスできません。ただし、そうしたオフラインのときでも、「Scratchアプリ」を利用すればScratchでプログラミングをすることができます。

デスクトップ・エディターをダウンロードしてみよう

　以下のウェブサイトにアクセスします。アクセスするときにはインターネットにつながっている必要があります。

https://scratch.mit.edu/

トップページが表示されたら画面を一番下までスクロールすると「ダウンロード」というメニューがあります（図1）。

図1

ダウンロードの文字をクリックするとダウンロードページが表示されるので、インストールしようとしているコンピューターのオペレーティング・システム（OS）を選びます（図2）。

図2

　選んだOSに併せて指示が表示されるので、それに従ってダウンロードし、インストールしてください（図3、図4）。

図3

図4

付録 2

作品の共有とリミックス

　Scratchでアカウントを作ると、自分の作品をScratchのコミュニティに共有したり、他の人が共有しているプログラムを改造したりできます。他の人のプログラムを改造することを「リミックス」といいます。また、アカウントでサインインしておくと、プログラムが自動でオンラインに保存されます。

図1

サイトに登録する

　まずはScratchサイトに登録しましょう。サイトの右上にある「Scratchに参加しよう」から登録できます（図1）。

　表示されたウィンドウに必要項目を記入していきます（図2）。ユーザー名は後から変更できませんので、注意しましょう。

図2a　　　　　図2b　　　　図2c　　　　図2d　　　　図2e

　すべての記入が終わると自動でログインされます。登録のときに入力したメールアドレスに認証用のメールが届いているので、「アカウントを認証する」ボタンをクリックします（図3）。ボタンが表示されていないときは、認証用のURL（アドレス）をクリックします。

図3

図4

作品を共有する

　画面上部の「共有する」をクリックするとすぐに作品がScratchのコミュニティに共有されます（図4）。

図5

タイトルを記入し、「使い方」のところには、どのキーを押すとどのような動作をするのかなどといった、プロジェクトの使い方の説明を入力します。

「メモとクレジット」のところには、作品に対するメモを書きましょう。また、作品を作るときにほかの人のアイデアやスクリプト、アートワークを使っていたら、そのことを記すとともに、それらの人々にお礼を言いましょう（図5）。

図6

自分の作った作品の一覧は、画面右上のユーザー名→「私の作品」で見ることができます（図6）。

図7

作品を共有解除したり、削除する

右上のユーザー名のメニューから「私の作品」を選択すると、保存をしている作品の一覧が表示されます（図7）。

その中から、「共有しない」をクリックすると共有が解除されます。

作品を削除したい場合は「削除」をクリックしてください。※

※ 削除は共有解除をしていないとできません。

作品のリミックス

他のユーザーが共有している作品をコピーして、改造することができます（図8）。

図8

他のユーザーの作品は検索ボックスで検索できます。作品名やユーザー名で検索ができます。

図9

・リミックス方法1

　作品のタイトルの右側にある「リミックス」ボタンをクリックします（図9）。リミックスされた作品は「私の作品」に保存されます。リミックスした作品を共有することもできます。

図10

・リミックス方法2

　作品を選択し、右上の「中を見る」をクリックするとその作品のプログラム編集画面が表示されます。上部にある「リミックス」をクリックします（図10）。リミックスされた作品は「私の作品」に保存されます。

付録 3

プログラミングのポイント

第 1 章

- スプライトの名前 ……………………… 15
- エントリーポイント …………………… 18
- 逐次処理 ………………………………… 18
- 逐次処理ふたたび ……………………… 19
- 初期化 …………………………………… 25
- オブジェクトとメソッド ……………… 26
- 乱数 ……………………………………… 30

第 2 章

- プログラムの流れを把握する ………… 41
- ブロードキャスト ……………………… 41
- スクリプトを追加する場所 …………… 44

第 3 章

- 変数 ……………………………………… 54
- 初期化 …………………………………… 56
- リスト（配列） ………………………… 67
- エラー処理 ……………………………… 71

第 4 章

- 少しずつ動作確認 ……………………… 75
- アルゴリズム …………………………… 75
- 実装 ……………………………………… 76
- 条件分岐 ………………………………… 77
- 条件式 …………………………………… 77
- 効率のよいアルゴリズム ……………… 79
- 入れ子（ネスト）構造 ………………… 79
- 比較演算・論理演算 …………………… 82

- ほかのプログラミング言語の
  比較演算・論理演算 ………………… 83
- 必要な変数の見通しをもつ …………… 84
- アルゴリズムのチェック ……………… 91
- 判断・判定のための変数 ……………… 94
- 2 種類の繰り返し ……………………… 99
- あたり判定をどのスプライトでするのか …… 102
- 整数と小数 ……………………………… 104
- 構造化プログラミング ………………… 105

第 5 章

- 関数 ……………………………………… 114
- 引数 ……………………………………… 118
- 引数の仕組み …………………………… 118
- 仮引数と実引数 ………………………… 120
- 引数の対応関係 ………………………… 123
- 再帰処理 ………………………………… 135

第 6 章

- リスト（配列）の添字を入れておく変数 …… 141
- 無限ループ ……………………………… 141
- エラー処理 ……………………………… 143
- 繰り返し（初期化と更新） …………… 146
- 多様な正解 ……………………………… 147

第 7 章

- トレース ………………………………… 163
- トレースのポイント …………………… 163

Scratchの操作

序章

プログラミングの始め方	7
画面の見方	9

第1章

コスチューム	16
ブロックのはずし方、消し方	17
「スクリプト」とは	18
「ずっと」のブロック	19
止めるボタン	20
スプライトの向き	20
スプライトの追加と削除	22
ステージのブロック	24
ファイルの保存	24
保存されたファイルを開く	24
動かす、回すブロック	26
「乱数」のブロック	30
ほかのスプライトへの スクリプトの複製（コピー）	31

第2章

「メッセージを送る」のブロック（センダー）	36
メッセージの仕組み	36
「メッセージを受け取ったとき」のブロック（レシーバー）	37
「〜まで繰り返す」のブロック	38
「背景を〜にする」のブロック	39
音の鳴らし方（まとめ）	43
音の録音、ファイルからの読み込み	43
音のブロック	44

第3章

変数の作り方・使い方	54
丸いブロック	56
ユーザーからの入力	59
せりふのつなげ方	60
ブロックが長くなったときは	60
計算式の作り方　その1	63
「もし〜なら」のブロック	64
「＝」のブロック	64
タイマー	66
リスト（配列）の作り方	67
リスト（配列）の使い方	69
計算式の作り方　その2	72

第4章

コスチューム番号	85
スプライトのコピー	87
複雑なブロックの組み方	91
スクリプトの複製（コピー）	96
別のスプライトへの スクリプトの複製（コピー）	96

第5章

ペン	108, 109
定義（関数）	112
定義（関数）の処理の流れ	113
引数の対応関係	123

第7章

ターボモード	174

第9章

クローン	186

あとがきにかえて

　著者の一人である太田和志さんは、この本の初版の原稿が完成して間もなく、出版を待たずに急逝されました。執筆時には、肢体不自由の障害のある子どもたちがパソコンやネットワークを自由に使うことを支援するためのいろいろな装置を製作したりプログラミングしたりすることに情熱を燃やしていました。

　「だれも取り残されることなく、すべての人がコンピューターやインターネットの恩恵を受けるべきだ」とおっしゃっていた太田さんは、情報技術が私たちの生活を自由でより良いものに変えることを信じ、情報技術と触れ合うことの楽しさを多くの人と分かち合いたいと心から願っていました。この本を手にとった読者の方々に彼の思いが少しでも届くことを願ってやみません。

　この本を太田和志さんの魂に捧げます。

　最後に、この本の構成や内容についていろいろな相談にのってくださり、執筆に根気よくおつきあいくださった日経BPの田島篤様、ご支援いただいた関係者の方々にお礼を申し上げます。なによりも、初版からご愛読いただき、さまざまな場面で本書をご活用くださった読者の皆さまに感謝いたします。

　読者の皆さまのプログラミングライフが豊かなものとなりますように。

著者一同

中植正剛（なかうえまさたか）

兵庫県神戸市出身。専門は教育工学、情報教育。私立高等学校にてICTを活用した協働学習・探究学習の実践に携わり、2004年に活動の場を大学に移す。神戸市内私立大学を経て、2022年から武庫川女子大学教育学部准教授。学校現場に関わりながら、情報教育とプログラミング教育の研究をすすめる。スタンフォード大学教育大学院修了。（序章、第1章1.1、第2章、第4章～第9章）

太田和志（おおたかずし）

京都府宇治市出身。専門は教育工学。大学卒業後、高等学校教諭として情報教育に携わる。2003年から2015年まで、東大阪大学短期大学部准教授。情報教育、教員養成に携わりながらソーシャルネットワークを用いた学習に関する研究をすすめてきた。大阪学院大学卒業。（序章、第1章1.2、第3章）

鴨谷真知子（かもたにまちこ）

大阪市出身。2001年から彫刻家として個展を毎年開催。木彫の現代彫刻作品を作る一方で、フィジカルコンピューティングの作品などのデジタルな制作にも積極的に取り組んでいる。情報デザインを専門としており、コミュニケーションデザインやソーシャルネットワークなどを研究。東大阪大学短期大学部 助教（情報教育センター所属）を経て、現在はCross Media +Design代表としてデザイン業を営む。武蔵野美術大学造形学部コミュニケーションデザイン学科デザイン情報卒業。（図表デザイン、描画の基本）

カバーデザイン	相羽 裕太（株式会社明昌堂）
本文デザイン	相羽 裕太、芹川 千博（株式会社明昌堂）
DTP	株式会社明昌堂

■本書で使用しているサンプルファイルや課題の解答などについては、本書のWebページからダウンロードいただけます。
　https://bookplus.nikkei.com/atcl/catalog/19/P60190/

Scratchで学ぶ
プログラミングとアルゴリズムの基本　改訂第2版

2019年4月22日　第1版第1刷発行
2023年3月3日　第1版第6刷発行

著　者	中植 正剛、太田 和志、鴨谷 真知子
発行者	村上 広樹
編　集	田島 篤
発　行	株式会社日経BP
発　売	株式会社日経BPマーケティング
	〒105-8308　東京都港区虎ノ門 4-3-12
印刷・製本	株式会社シナノ

本書の無断複写・複製（コピー等）は著作権法上の例外を除き、禁じられています。
購入者以外の第三者による電子データ化および電子書籍化は、私的使用を含め一切認められておりません。
本文中に記載のある社名および製品名は、それぞれの会社の登録商標または商標です。
本文中では®およびTMを明記しておりません。

© 2019 masataka nakaue, kazushi ota, machiko kamotani　Printed in Japan
ISBN978-4-8222-8617-0